少年读 全景
中华上下五千年

① 先秦古韵

廖志军 ◎ 编著

四川教育出版社
·成都·

图书在版编目（CIP）数据

少年读全景中华上下五千年. 1，先秦古韵 / 廖志军
编著 . — 成都：四川教育出版社，2021.10
　　ISBN 978-7-5408-7787-3

　Ⅰ. ①少… 　Ⅱ. ①廖… 　Ⅲ. ①中国历史—先秦时代—
少年读物 　Ⅳ. ① K209

中国版本图书馆 CIP 数据核字（2021）第 181879 号

SHAONIAN DU QUANJING ZHONGHUA SHANGXIA WUQIAN NIAN 1 XIANQIN GUYUN

少年读全景中华上下五千年 1 先秦古韵

廖志军　编著

出 品 人　雷　华
责任编辑　任　舸
责任校对　刘　青
封面设计　路炳男
版式设计　闫晓玉
责任印制　田东洋
出版发行　四川教育出版社
　　　　　　地　　址　成都市黄荆路 13 号
　　　　　　邮政编码　610225
　　　　　　网　　址　www.chuanjiaoshe.com
印　　刷　德富泰（唐山）印务有限公司
制　　作　闫晓玉
版　　次　2021 年 12 月第 1 版
印　　次　2021 年 12 月第 1 次印刷
成品规格　188mm×245mm
印　　张　9
书　　号　ISBN　978-7-5408-7787-3
定　　价　168.00 元（全 6 册）

如发现印装质量问题，影响阅读，请与本社联系。总编室电话：（028）86365120
编辑部电话：（028）86365129

春秋战国
王权衰落与列国纷争

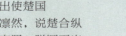

少年读全景中华上下五千年 1

—— 先秦古韵 ——

传说时代///追溯人类的起源

约 3 0 0 万 年 前 ~ 公 元 前 2 1 世 纪

世间万事万物是如何形成的呢？远古时代生产力水平低，科学知识贫乏，人们不懂得大自然的奥妙，他们看到日出月落、雷电交加等自然现象，便认为有神秘的力量在背后控制，于是就创造出了天神盘古以及关于他的神话传说——"盘古开天辟地"。

约300万年前~公元前21世纪
/////////传说时代/////////
盘古开天辟地

混沌初开

相传，在天和地尚未形成的时候，宇宙宛若一个巨大的鸡蛋，里面漆黑一团，混沌不清。不知从何时起，宇宙核心的地方默默地孕育起一个神灵，这就是盘古。他躺在卵状的宇宙中酣睡着，宛若躺在母腹中的胎儿。盘古就这样在漆黑混沌中成长，越来越大。眨眼间，千百万年过去了，盘古由一个小婴儿长成了一个体格健硕的巨人。

盘古在宇宙之中大睡，大约过了一万八千年才慢慢苏醒。他看到自己身处混沌不清的黑暗中，不见一线光明，感到异常憋闷，全身上下都不舒服，就像是被绳子捆着一般。所以，他决定舒展筋骨，伸个懒腰，把这个"大蛋壳"撑破。

盘古不知从何处弄来一把利斧，他用巨掌抓着斧头狂舞，劈向无边的黑暗。同时，他的双脚也全力一蹬。"喀啦"一声，震耳欲聋，"大蛋壳"一下便裂开

◀盘古开天辟地
盘古是中国神话传说中开天辟地的神。当天地还是一片混沌的时候，盘古就诞生了，他用神斧劈开了天和地。为了避免天地重新合在一起，盘古就站在天地中间，随着天地的分离而越长越高。就这样过了一万八千年，盘古终于累倒了，再也没有起来，但他的身体化作了天地间的万物，永远存在。

◎看世界/攀树的猿群　　　◎时间/约3500万年~1400万年前　　　◎关键词/劳动作用

了，汇聚了千万年的混沌也随之分化。其中重而混浊的物质逐渐下沉，形成宽阔的大地；而那些轻而清的物质逐渐上升，慢慢地分散开，变作蔚蓝的天空。

盘古劈开了天地，便觉得敞亮多了。他满意地舒了口长气，想要站起来，可是天就在头顶，沉沉地压在他头上。盘古担心天和地还会聚合而变成一个整体，于是，他双脚紧踩大地，双手托着天向上举，尽量使天和地的距离远些。天每天升高一丈，地每天加厚一丈，盘古的身子也每天伸长一丈，天和地也随之拉开一丈。日复一日，年复一年，时光又过去了一万八千年，其间盘古一直未睡，饿了就吃点飘进嘴中的尘雾。这时，天愈来愈高，地愈来愈厚，盘古的身躯已有九万里高了，在他的努力支撑下，天和地也相距九万里了。

最终，天远远地在大地之上定住不动了，盘古也劳累不堪，身心俱疲。他抬头仰望双手撑着的天，又低头俯瞰足下宽阔的大地，感到再也不用担忧天地会合拢了。于是，他无牵无挂地躺了下来，开始沉睡。开天辟地过程中，他呕心沥血，汗水都流干了，从此便长眠不醒。

天地万物之始

相传，盘古临终前，嘴中呼出的气体化作了阵阵风和天上的云；他的声音变了雷鸣；他的左眼成了耀眼的太阳，悬在高空，把温暖洒向人间；他的右眼则成了皎洁的月亮，在夜间给人们送来光明；他的头发和胡子化成夜幕中一眨一眨的繁星；他的头化为东山，脚变作西山，左臂变成南山，右臂化作北山，身躯则成了中山，这五座

山高耸在辽阔的大地上，就像巨大的石柱，分别支撑起天空，宛若大地的定位坐标，确立了它的中心和四角；盘古流淌的血液化作滔滔的江河湖海，浩浩荡荡，无止无息；他的筋脉成了蜘蛛网似的道路；肌肤变作肥沃的田土；牙齿、骨骼和骨髓化成了矿藏和岩石；皮肤上的汗毛变为大地上的树木花草；汗水变作滋润植物的雨露甘霖。据说，盘古死后，他的魂魄灵气也变作鸟兽虫鱼等生物。

盘古精神流传不息

盘古殚精竭虑开天辟地，用自己的身体孕育出万千世界，成为"天地万物之始"，赢得一代代后人的敬仰。盘古开天辟地的传说中包藏着非常丰富而深邃的文化、科学和哲学等内涵，为人类研究宇宙起源、创世说和人类源起提供了宝贵线索。而盘古"春蚕到死丝方尽"的奉献精神，更是人类精神的升华，是一种最高境界，成为历代贤人君子学习、效仿的榜样。

相传当初盘古开天辟地、造化万物之地，就是如今的河南泌阳盘古山。盘古山直插云霄，挺拔秀丽，山石千姿百态，树木荫翳，庙宇清幽静谧，风景如画，群山中白雾茫茫，云雾缭绕。

当然，传说归传说，神话是神话，不能把它们当作真正的史实。随着科技的进步，人们通过研究从地底挖掘出的化石，终于证实了人类最早的祖先是一种由古猿进化而来的猿人。

▲盘古像
盘古本是中国神话传说中的创世之神，后被道教吸收，成为道教"三清之首"元始天尊的前身。

在中国民间文化里，人们对土及土地有着很深厚的感情，一方面是因为中国有着悠久的农业文明史，另一方面则是因为有女娲抟土造人的传说。在中国人的心目中，女娲相当于古代希伯来人心目中的夏娃，她以自己为原型用泥创造了人类，因此被称为"始祖神"。此外，她还给人类制定了婚姻制度，让他们结婚生子，繁衍后代，因此，女娲又被称为"婚姻女神"。在天塌地陷的时候，女娲目睹人类罹难，感到无比痛苦，于是她决心补天，以结束这场灾难。"女娲补天"的神话传说感动着一代又一代人，而女娲"敢为天下先"的精神也一直为后世所歌颂。

约300万年前~公元前21世纪

//////// 传说时代 ////////

女娲与人类起源

女神的寂寞

且说盘古开天辟地之后，又用躯体幻化出日月星宿、江河湖海、风云雷电、雨露甘霖。那些天地之间残留的浊气也逐渐变成鸟兽虫鱼，给寂寥的世界增添了勃勃生机。

有一天，另一个天神女娲来到凡间。她人面蛇身，行走在茫茫荒原。她放眼望去，但见繁星闪烁，崇山蜿蜒，江水滔滔，草木茂盛，百鸟和鸣，锦鳞游泳，整个世界风景如画。可是，她总觉得世界少了点什么，却又难以言表，只是感到单调乏味，孤独寂寞。

她向鸟兽虫鱼诉说衷肠，对草木山川倾吐苦闷，可是它们置若罔闻，没什么反应。她百无聊赖，郁郁寡欢地坐在池边，望着水中的倒影出神。突然，风吹落一片树叶，飘到池中，水面立刻泛起了圈圈涟漪，模糊了她的倒影。她恍然大悟：这世

▼伏羲女娲图
这幅帛画出土于新疆吐鲁番的古墓中。图中的伏羲和女娲相互对视，并抱住对方腰部，他们下半身的蛇尾互相交绕。传说，伏羲和女娲本是兄妹，他们结合繁衍了人类。

▶古人绘制的女娲像

据《山海经》记载，女娲是"神女而帝者，人面蛇身，一日七十变"。

界缺少的，正是一种有灵性、能说话、会思考的生物，就像她一样！为了不像盘古那般一世孤独，她决定亲自动手，创造出新的生命！

黄泥捏就的人类

女娲想到这里，便立即行动起来。她用手在池边掘了些泥土，和水调稀，比照自己的样子开始捏起来。

女娲三捏两捏，一个纤小的泥人就捏成了。他长得像女娲，五官分明，有四肢和七窍。女娲捏好后就把泥人放在地上，心里想，这个泥人应该要有生命，有思想，还要和她一样敢爱敢恨、勤勤恳恳。

于是，女娲对着泥人的嘴巴吹了一口仙气，不料泥人竟活了。面对这个活泼的小生灵，女娲心满意足，称他为"人"。但是女娲怕"人"会和她一样孤独，于是决定创造更多的人给"人"做伴。

女娲捏呀捏呀，一直不肯休息。她在一些泥人身上吹了阳气，即自然界中一种争强好胜的雄性物质，于是他们就变作男人；她在其他泥人身上吹了阴气，即自然界中一种柔和温驯的雌性物质，于是她们成了女人。

女娲想捏出更多的小人，让他们到处都是，可是这样捏下去效率太低了，也太烦琐了。

突然，她看到一条粗壮的藤条，就把它捡起来拿在手中，先在黄泥浆里蘸一下，再猛地甩向

地面。只见泥浆四溅，一落到地面上，就都变成了一个个蹦蹦跳跳的小人。

女娲手持藤条，不停地甩动，地上的人也愈来愈多。他们三三两两，有的登上高山，有的下到水中，还有的步入森林，去追求各自的生活。

看到大地一片生机盎然，欣欣向荣，女娲非常愉快。

创制嫁娶之礼

一天，她感到很疲倦，便想外出走动一下散散心，休息一会儿，也顺便看看自己创造的人过得如何。她来到一个地方，发现地上躺着好多小人，他们静止不动。她用手一推，才发现他们身子都僵了。原来，这是她最初捏的一些小人，他们早已白发满头，无疾而终了。

女娲心里叫苦不迭，自己勤勤恳恳造人，可是他们却不停地衰老，直至死亡。如此看来，自己岂不是要不停地造人，才能够保证世界上一直都有人？

女娲思前想后，便参考万事万物繁衍后代的方式，让人类也男女结合，传宗接代。由于人类是仿神而造的生灵，不能和禽兽一样，因此女娲给人们制定了嫁娶制度，以区别于禽兽媾和。所以，后人也奉女娲为"神媒"，而世人若想求得佳偶或夫妻渴望得子，都会参拜、祭祀女娲。

炼五彩石补天

人类被女娲创造出来后，就在人间过着美满的生活，繁衍后代，生生不息。突然有一天，不知何故，天崩地裂。顿时，天空塌了一半，露出许多恐怖的黑窟窿，如同一张张血盆大口，将日月星辰都吞了下去；地上震出了一条条巨大的深沟，洪水

>>> 传说远古时候的一天，天崩地裂，天空塌了一半，露出许多黑窟窿，将日月星辰都吞了下去。女娲见此，炼五彩石补天，天地间才又恢复了宁静。

约300万年前

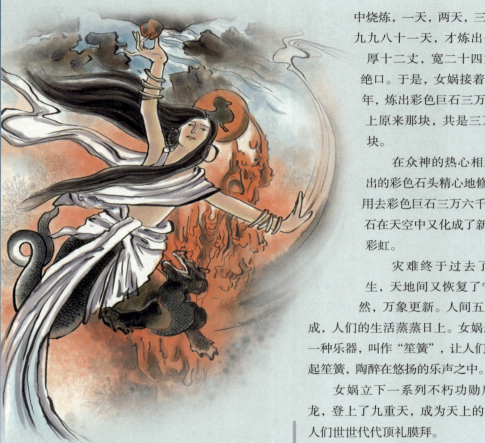

中烧炼，一天，两天，三天……总共炼了九九八十一天，才炼出一块彩色巨石，厚十二丈，宽二十四丈，令众神赞不绝口。于是，女娲接着炼下去，耗时四年，炼出彩色巨石三万六千五百块，加上原来那块，共是三万六千五百零一块。

在众神的热心相助下，女娲用炼出的彩色石头精心地修补好苍天，一共用去彩色巨石三万六千五百块。这些彩石在天空中又化成了新的月亮、星星和彩虹。

灾难终于过去了，人们绝处逢生，天地间又恢复了宁静——秩序井然，万象更新。人间五风十雨，年谷顺成，人们的生活蒸蒸日上。女娲还给人类制造了一种乐器，叫作"笙簧"，让人们在劳动的间隙吹起笙簧，陶醉在悠扬的乐声之中。

女娲立下一系列不朽功勋后，驾雷车驭巨龙，登上了九重天，成为天上的女娲娘娘，受到人们世世代代顶礼膜拜。

▲女娲炼石补天
女娲补天的神话反映了原始社会母系氏族时代人类与自然灾害的斗争，赞颂了当时人类的智慧和力量。

从地底喷涌而出；山林燃起熊熊大火，各种凶禽、异兽、毒蟒乘机蹿出密林，到处吃人。人类再无安身之地，他们慌作一团，号啕大哭，四处逃命。

女娲因此挺身而出，着手进行了一项伟大的工程——炼石补天。女娲在三山五岳、江河湖海中来回穿梭，精心挑选了许多彩色的石头；然后，她又从山林中抱来一垛垛枯枝烂叶、干柴焦木，燃起熊熊烈火；接着，她将彩色石头丢到火

历史百科// "女娲补天"的历史真相//

科学探测证实：史前时期，地球上发生过一次波及范围甚广的陨石雨撞击地球事件——一颗小型彗星飞向地球，在山西北部的上空冲入大气层并在高空爆炸，形成规模巨大的陨石雨，又冲入山西北部至河北中部地区，甚至波及整个北方地区。受灾地区的众多先民死的死，迁的迁，中断了当时繁荣兴盛的古文化。灾难平息后，崭新的古文化重新形成，并最终产生了"女娲补天"这个美丽动人的神话。

〉〉〉今宁夏灵武水洞沟和内蒙古萨拉乌苏河沿岸曾生活着原始人类。

黄帝被认为是华夏民族的始祖，居"五帝之首"，以土德为王，因此称"黄帝"。据说，黄帝姓公孙，因其在姬水边长大成人，故又姓姬；黄帝降生于轩辕之丘，故号轩辕氏，因其担任有熊国国王，故又号有熊氏。黄帝平定天下后，划州分野，制定礼乐，并大力发展生产；为改善人们的生活，始制衣冠，建造舟车，创造文字，还写下了医学巨著《黄帝内经》。他功勋卓著，为后世所颂扬，并被尊为华夏"人文初祖"。

约300万年前~公元前21世纪

//////////////传说时代//////////////

"人文初祖"黄帝

附宝怀胎二十四个月后，生下一个又圆又大的肉疙瘩。这肉疙瘩一降生就疯长，霎时一个十几岁大的孩子破"壳"而出，这便是轩辕黄帝。他生来就有四张面孔，可以同时留神东南西北四方的风吹草动，也可以发现人间天上的所有事情。他可以驱使宇宙间的阴阳二气汇合，碰撞出闪电，震荡出雷声，交融成雨，飘动成风，弥漫成雾，凝聚成霜，汇聚成云，架起来则成彩虹。雷神、电神、风神、雨神等全都听命于他。

黄帝的神奇出生

据传，在河南新郑，从前有座小土山，名叫具茨山，山下有条姬水河，河边有个山洞，洞中居住着一对膝下无子的老夫妻。老翁姓公孙，名少典；老妇叫附宝。

一个午后，附宝正在北山坡挖野菜。忽然，一阵旋风平地而起，瞬间飞沙走石，日月无光。雷声大作后，一道白光从天而降，打在附宝头上，附宝立即晕倒在地。她醒来后，但见繁星密布，星光璀璨，并且自己竟很快有了身孕。

▶黄帝像

上古五帝之首，华夏民族的共主。相传黄帝姓公孙，出生于轩辕之丘，故号轩辕氏；在姬水边长大成人，所以又以姬为姓；后在有熊建立国家，故又称有熊氏；以土德为王，土是黄色，所以才叫黄帝。

平定天下，缔造文明

很快，轩辕氏因才华横溢、德高望重而被拥戴为有熊国国王。当时，各方帝王都以颜色作称号，东方的称青帝，南方称赤帝，西方称白帝，北方称黑帝，轩辕地处中间，称黄帝。黄帝大兴农业，驯化鸟兽，开矿炼铜，积聚了许多粮食、财富。四方的帝王非常嫉妒，就一起进兵中原，想瓜分黄帝部落的财富。

黄帝亲率大军抵达边关，前后历经五十二次战役，终于击败了四帝，统一天下。之后，黄帝划州分野，制定礼乐，劝谕百姓。

相传，黄帝及其下

◎看世界／人类最早使用弓箭　　　　　◎时间／约8500年前　　　　　◎关键词／德国斯坦尔莫

属创造了多种生活用具。大臣曹胡创制了上衣，伯余制造了下衣，于则发明了鞋子，从此，人们不必再穿兽衣树皮。黄帝根据树叶漂浮在水上的原理发明了舟船，依据转蓬的原理创制了轮车，使交通大为便利。他定下万事万物的名称，划分二十八星宿，用甲乙等十天干来纪日，子丑等十二地支来纪月，而六十年为一甲子，因此人们才有了时间观念。黄帝又令仓颉造字，从此，华夏文明才依靠文字代代相传。黄帝还和岐伯合写了巨著《黄帝内经》，用来治病救人。有史料记载，当时人们"甘其食，美其服，乐其俗，安其居"，一派太平盛世。

◀（红山文化）碧玉龙

此碧玉龙通高26厘米，又称"猪嘴玉龙"，距今约6000年。这是目前发现的体型最大、制作最精良、年代最为久远的碧玉龙形象，被称为"中华第一龙"，反映了华夏民族崇拜龙的悠久历史。

顾全大局，创龙图腾

有一天，黄帝忽然想到，作为一个大一统的国家，华夏应当规定一个公认的图腾。因此，他命令各个部落将他们自己原先的图腾送来，用以参考制作新的图腾。

可是，黄帝一看到他们的图腾，就发愁了：蛇、鹰、马、鱼、熊、豹、羊、象、狗……竟多达上百个。这可如何是好？采用哪一个都会影响大局的安定。黄帝和群臣都一筹莫展，愁肠百结，几天几夜难以成寐。

一天夜间，天空闪过一道雷电，深刻地烙在黄帝的脑海中。次日，他叫来仓颉和风后，复述了他昨晚见到的电闪雷鸣的场景，接着，他手指各种各样的图腾说："为了顾及各个部落，从全局出发，我们应当依据各个图腾的特征，创造出这样一个特殊的图腾：蛇身，鱼鳞，马头，狮鼻，虎眼，牛舌，鹿角，象牙，羊须，鹰爪，狗尾。可是这个图腾究竟像什么，又该叫什么呢？"仓颉答道："我看，干脆给它造个名字，就叫'龙'吧！既能腾云驾雾，呼风唤雨，又能搅海翻江。"黄帝非常高兴，当即就定下了。此后，龙就成了中华民族的象征，华夏子孙皆是"龙的传人"。

传说黄帝享年一百一十八岁。有一次，他在河南出巡，忽然一个晴天霹雳，有条黄龙从天而降。它向黄帝说："你已经完成任务，让我带你共同归天吧。"黄帝见天命难违，只好跨上龙背。黄龙飞到陕西桥山时，百姓们闻讯从四面八方赶来再三挽留，但仅拽住黄帝的一片衣襟。黄帝乘龙归天后，人们把他的衣冠葬于桥山，起冢为陵。这便是传说中黄帝陵的来历。

▲黄帝陵中的碑亭

黄帝陵位于陕西黄陵桥山山顶，陵前有一座祭亭，亭中央立一高大石碑，碑上有郭沫若题的"黄帝陵"三个大字。

〉〉〉在今天的山东滕州北辛一带居住着原始人类，北辛文化是大汶口文化的直接源头。

◎看世界／苏美尔人掌握人工灌溉技术　　◎时间／约前4300年~前3500年　　◎关键词／农业

上古时期，文字尚未发明之前，人们采用结绳记事。传说到了黄帝时代，社会已有了较大发展，结绳记事逐渐满足不了人们的需求了。在这样的背景下，一个叫仓颉的人发明了文字。仓颉是黄帝手下的一名史官，学识渊博，他的职责就是负责"记事"。他经过长期的摸索，总结经验，创造出了最初的汉字，为中华文明的传承和发展做出了杰出贡献。

约300万年前~公元前21世纪

//////// 传说时代 ////////

仓颉造字

结绳记事的麻烦

据传，仓颉在黄帝手下为官，主要职责就是记录圈养了多少牲口，囤积了多少粮食。仓颉天资聪颖，又任劳任怨，把事情做得井井有条。但是牲口和粮食的数量有增有减，经常变化，单纯依靠脑袋来记忆是行不通的，仓颉为此发愁。

仓颉绞尽脑汁，开始借鉴燧人氏结绳记事，他用不同的颜色代表不同的牲口和食物，在每条绳上打结表示数目的多寡。可时间一长，这个方法就不灵了，并且烦琐无比。于是，仓颉又想出了在绳上打圈，在圈里吊上林林总总的贝壳，以代替他管辖的东西，增了便加一个贝壳，减了便去一个贝壳，方便快捷。

黄帝见了，非常满意，分派给他的任务越来越多。一年祭祀的次数、每次猎物的分配、部落人口的变化等全都归仓颉管。任务这样繁重，仅靠加绳子、吊贝壳已不能记清。那么，如何才能准确地记录，而不出一点儿纰漏呢？

苦心孤诣，探索记事新法

仓颉殚精竭虑，成天琢磨，也没想出什么妙计。一天，他跟随大家一块狩猎，走到一个三岔路口时，碰到三个老人争吵：一个主张往东走，说东边有羚羊；一个坚持往北走，说能够追到鹿群；另一个则建议西行，说能捕到两只老虎。仓颉感到诧异，于是就问他们是如何得知前面有什么动物的。原来，他们是通过地上野兽的脚印推断出的。

仓颉灵光一闪：既然一种脚印表示一种野兽，那么同样，一种符号也可以代表我所记的一种东西。想到这里，他很是兴奋，拔腿跑回家，着手创造各种符号来代表每种事物。这样一来，他管理的事务就又井然有序了。而这些符号就是最早的文字。

黄帝知悉后非常高兴，命令他以后专职造字，教化百姓。此后，仓颉每天上观日月星宿，

◀仓颉像

传说仓颉有四只眼睛，观察力非常强，他观察了天上星宿、地上山川、鸟兽虫鱼的足迹、草木器具的形状，从而创造了文字。

下视鸟兽虫鱼、山川大地，很快就造出了人、手、日、月、星、牛、羊、马、鸡、犬等字。

把字刻在龟壳上保存

但是文字越造越多，写在什么地方呢？写到大石上搬不动，写到木头上不好拿，写到兽皮上烂得快，仓颉又发愁了。

一天，有个人在河边逮住一只大龟，跑来让仓颉替龟造字。仓颉看到龟背上有整齐排列的格子，便依照龟的形象，造出了"龟"字。接着，仓颉把这个字刻在龟背的格子里。龟因为背上刻字疼得厉害，趁人不备，逃到了河中。三年后，在另一个地方，人们捉住了这只背上刻有字的龟。有人告知仓颉，龟背上刻的字不但没有被水洗去，反而还变大了，看得更清楚……

此后，仓颉就命人收集龟壳，他在龟壳的格子上刻下自己创造的所有象形字，然后把龟壳串在绳上，拿给黄帝看。黄帝很满意，令人妥善保存，认为仓颉立了一项大功并给予奖赏。传说，最初的象形文字和甲骨文，就是从这时起出现的。

老人的告诫

仓颉造字立下汗马功劳，因此受到黄帝的器

◀ "仓颉造字"画像砖拓片

仓颉也称苍颉，原姓侯冈，名颉，号史皇氏，传说中汉字的创造者。但学者普遍认为，汉字并非由仓颉一人创造，他可能是汉字的整理者。

重，人们也对他赞不绝口。随着名气越来越大，仓颉便有些飘飘然，逐渐变得目中无人，并不再精心造字。黄帝知道后，又是生气又是担忧。怎样才能让仓颉意识到自己的过错呢？于是，黄帝向最年老最睿智的老者请教。老人沉思片刻，答应一切包在他身上，便单独去见仓颉。

此时，仓颉正忙着教各部落的人认字，老人悄悄地坐在后面仔细听。仓颉教完后别人都离去了，唯有老人纹丝不动。仓颉感到诧异，便询问他为何还不走。老人说："仓颉呀，你造的字妇孺皆知，但我老了，有几个字一直搞不清楚，你能否再给我讲讲？"仓颉见白发苍苍的老人都如此敬重他，不禁十分得意，于是催老者快说。

老者说："你造出的'马''驴''骡'等字，皆有四条腿是不是？但你造的'牛'字怎么只有一条尾巴，没有四条腿呢？"仓颉一听便慌了。原来他一时疏忽，

▲（大汶口文化）灰陶尊

出土于新石器时代的大汶口文化遗址，高57.5厘米，口径29.5厘米。此夹砂灰陶尊形体较大，胎体厚重。腹部有刻文，形似"日云火"的图像或文字，经学者们考证，认为是象形文字"旦"，其年代远远早于商代的甲骨文。

〉〉〉在今天的陕西华州老官台一带生活着原始人类，老官台文化是仰韶文化半坡类型的先声。

造"鱼"字时，写成了"牛"的样子，造"牛"字时，又写成了"鱼"的样子，所以混淆了这两字。

老者又接着说："你造的'重'字，表示有千里之远，应该念成出远门的'出'，可你却教人读成重量的'重'。反之，'出'字是两座山合在一起，本该念成重复的'重'，你却教成出远门的'出'。这几个字我琢磨不透，只好向你请教。"

仓颉听了羞愧万分，他深知这些字已经传遍天下，想改都没法改，一时大意酿成大错，追悔莫及，赶紧跪下请罪。老人看他知错能改，便谆谆告诫他说："仓颉呀，你造字是个天大的功劳，千秋万代的人都会记得你，可你要戒骄戒躁哇！"

此后，仓颉每造一个字，都反复琢磨、仔细推敲，还向大家征集意见，再也不敢马虎了。等大家均无异议，他才把字敲定，再慢慢传到每个部落。

《淮南子·本经训》记载："昔者仓颉作书而天雨粟，鬼夜哭。"由此可见，仓颉造字，给当时人们的生活带来了天翻地覆的变化。汉字的发明，标志着中国进入了有文字记载的历史时代，对后世有着不可磨灭的贡献。

▼仓颉陵
仓颉陵位于河南濮阳南乐吴村西侧，是一个高5米的大土丘。陵墓以下有仰韶至龙山时期的古文化遗存。陵前翁仲、石狮俱存，并建有石坊。

约300万年前~公元前21世纪
//////////传说时代//////////
帝尧传说

在我国古人的心中，最圣明、最贤良的帝王莫过于尧了。尧是古代神话传说中的上古帝王，姓伊祁，号放勋，其父为帝喾。帝喾传位于尧同父异母的兄弟挚，挚治理不善，让位于尧。尧勤俭朴素，能见微知著，任人唯贤，还非常关心百姓疾苦，天下在他的治理下，井然有序，政通人和，四海升平。在古汉语中，"尧"有"高"的意思，而人们以"尧"字作为尧的谥号，正是为了赞美他的辉煌功绩。

尧的出生

据说，高辛帝喾的第三个妃子叫庆都。庆都出嫁后，仍在娘家居住。

有一年的正月底，庆都跟随父母乘坐小船外出游玩。夜幕降临，庆都躺在船上，正要睡着时，忽然狂风大作，一条赤龙向她扑来，她顷刻间就昏了过去。

第二天，庆都发现赤龙在她身边留下了一张沾满口水的画，画上是个人像，朱红色，脸蛋上尖下圆，八采眉，长发下垂，旁边写着："亦受天佑。"她藏起了这幅画，很快便有了身孕。

过了足有十四个月，庆都产下一个男孩。这个男孩长得酷似赤龙留下的画上的人像。孩子十岁时回到帝喾身边。他就是后来的圣君大尧。

帝尧仁德，天降祥兆

尧做君王时，以艰苦朴素、勤俭节约闻名遐迩。据说，他所居住的"宫殿"，就是用长短不一的茅草修葺而成的，屋里的檩条和柱子都取自山下粗糙的木料；他吃粗糙的米饭，喝简单的野菜汤，穿的麻布取自葛这种植物。天凉了，为了抵御风寒，他就披一件破破烂烂的鹿皮。他平日里使用的土钵陶器等器皿，无一不是自己亲手制作的。

看到尧的贤良美德，天帝都深深感动了，因此，在尧居住的地方，降下了十种吉利的兆头，以示对尧的褒扬。

在尧庭前台阶的缝隙里生有一种草，名字叫作蓂荚。每逢初一，蓂荚便一天长一个荚，到十五的时候共长成十五个荚子。接着，从十六起，蓂荚便每天落一荚，到三十则完全掉光。如果碰到小月，没有三十的时候，这剩下的一荚便不干不枯，一直悬在茎上。尧把蓂荚当成日历，称它"历草"。

在尧庭前的台阶上还生长着一种草，叫作屈佚草。假若阿谀奉承的小人从它旁边走过，屈佚草便会弯下自己的腰，精确地对准佞臣小人。所以，人们将屈佚草称作"指佞草"。

◀帝尧像

尧，中国古代传说的圣君，姓伊祁，号放勋，因封于唐，故又号之为陶唐氏，史称"唐尧"。尧治理部落有功，后禅位于同样出色的舜。

约前2600年

◎看世界／亚述在小亚细亚建立商业殖民地　　◎时间／约前3000年～前2500年　　◎关键词／卡尼什商业公社

◀ "尧舜禅位"画像砖拓片

禅让制实际上是以传贤为宗旨的民主选举首领的政治制度。后被禹的儿子夏启破坏，代之以"家天下"的世袭制。

人都活了二三百岁。

在中国传统文化中，尧是一位圣明、贤良的帝王，尧在位期间是中国人理想中天下大治的太平盛世。

造围棋，以教丹朱

尧的嫡嗣长子叫丹朱。丹朱便是祁姓朱氏的开山鼻祖。

在儒家典籍中，丹朱被描绘成一个不忠不孝、不仁不义、奢侈腐化、不学无术、饱食终日的人。他暴戾狂横，经常聚众斗殴，惹是生非。传说尧帝时洪水猖獗，人们以舟当车，但大禹成功治水以后，丹朱也照旧坐到木船上，令船夫在岸上拉着船前进，自鸣得意地说是"陆上行舟"，玩得兴致勃勃，无暇吃饭，也无心归家。

尧看在眼里，急在心里。于是他绞尽脑汁，发明了一种新的游戏——"围棋"，并把具体的玩法教给丹朱，希望他通过下棋陶冶情操。开始的时候，丹朱对围棋的兴趣还算浓厚，但时间一长便厌倦了，又跟狐朋狗友找乐去了。尧帝对他失去了信心，再也不愿见到丹朱了，就把他送到南方，并把帝位传给了德才兼备的虞舜。这时虞舜已通过尧三年的严峻考验了。丹朱心里不服，就挑起战乱，结果兵败了，便纵身跳海而亡。

后来，虞舜也效仿尧帝，教自己的儿子商均石子棋。此后的陶器上便有了围棋方格的图案。史料上也记载着"尧造围棋，以教丹朱"。如今，在龙祠乡晋掌村西山的棋盘岭上，还有着围棋石刻图形的遗迹。

尧统治天下三十年的时候，西海上漂浮着一个"槎"，硕大无比。这个浮槎一会儿大一会儿小，经常环绕四海漂浮，它绕四海一周恰好是十二年。这槎循环不止，于是人们称它"贯月槎"。

这些天降奇兆的消息不胫而走，传得沸沸扬扬，尧也因此远近闻名，成为人们心目中的圣君。

尧日理万机，鞠躬尽瘁，无暇顾及自己的身体。当时，槐山有个采药老汉，叫作偓佺，由于尝遍世上的仙药，浑身都长满了雪白的毛，眼圈也成为方形，可以看清遥远处很细微的东西。他虽然很老了，可是身轻如燕，跑起来大步流星。偓佺听说尧勤勤恳恳地为百姓办事，常常废寝忘食，身体也日渐消瘦，便带上许多松子和奇花异草，千里迢迢地找到尧，劝尧吃下他拿来的仙药，以求健康长寿。尧很感激采药老者的一片苦心，但是他的确繁忙，始终没有时间服食仙药。结果，尧活到一百零几岁就死去了，而宫里服食那些仙药的

约300万年前~公元前21世纪
//////////传说时代//////////
大禹治水

虽然世界上许多民族都有关于大洪水的神话传说，但可能中华大地上的水患特别严重，所以才产生了"洪水猛兽"这一成语。在人们心中，洪水比猛兽更为可怕。相传，帝舜时期，鲧的儿子大禹子承父业，继续与洪水搏斗。他虚心求教，并总结了父亲失败的经验教训，一心扑在治水上，甚至三过家门而不入，最后摸索出了一套根治洪水的方法。他通过"开""通""疏""凿""引"等策略，耗时十三年终于疏浚了河道，清除了水患和涝灾，使人们再度过上安定幸福的日子。

禹的出生

鲧治水没有成功，被杀之后，他的身体三年都没有腐烂，甚至还在不断地生长膨大，仿佛身体里孕育着一个崭新的生命。天帝闻悉后，害怕鲧化为妖怪，便派遣火神祝融手持天下最锋利的"吴刀"，割开鲧的肚子瞧个究竟。祝融走近鲧后，挥舞宝刀，一下就割开了鲧的腹部。鲧的肚子一破，奇迹便发生了。顷刻，一条虬龙跳出来，伸着两只长角，抖着两根长须，回旋奔腾，一跃冲天。这条虬龙纵横驰骋，霎时就逛遍了五湖四海，他看到洪水滔滔的大地，便沉下身子，降到地面，化成大禹。大禹继承父业，继续治理洪水。

三过家门而不入

大禹为了治水，终日奔波，足迹遍及万水千山。他每至一处，老百姓便摩肩接踵，争着奔出来欢迎他，并给他端茶送饭。大禹头上戴着笠帽，身上穿着粗衣，手持铁锹，以身作则，同老百姓一块干活，搬石担土，挖渠泄水，疏浚河道，导出积水……大禹在治水现场日夜操劳，奋斗了十三年。他经年累月泡在泥浆中，脚趾甲都掉光了，小腿上的汗毛也磨没了。

当年，大禹结婚才四天，便告别新婚的妻子涂山氏，外出治水。治水期间，由于工作繁忙，水患未除，百姓仍饱受洪涝之苦，所以他曾经好几次经过自己的家门，都没有进去看看。

涂山氏受惊化为石

后来，涂山氏坚决要求和大禹共同治水，禹只得应允。有一天，大禹走到了轘岭口附近，看到山势陡峭，知道想要凿通轘岭口非常困难，单靠应龙的力量已经难以解决。所以大禹就摇身一变，化为一头硕大的黑熊，亲自凿山开路。

大禹天天都忙着凿山开道，也没有时间回家

◀大禹像

大禹，姒姓，名文命，夏后氏首领。大禹治理黄河水患有功，成为人们世代景仰的英雄，而他治水的精神，也成为中华民族宝贵的精神财富。

约前2100年

〉〉〉舜时的司法官皋陶制定了五刑之法，被史学界和司法界公认为"司法鼻祖"。

◎看世界/埃及国王控制司法　　　　◎时间/约前2686年~前2181年　　　　◎关键词/世俗法庭 神庙法庭

▲大禹陵

大禹陵位于浙江绍兴东南郊的会稽山山麓，陵区由禹陵、禹庙、禹祠三部分组成。图中为大禹陵碑亭，"大禹陵"三字为明嘉靖十九年（1540）绍兴知府南大吉所书。

了，他追悔不迭，忽然心想："妻子已经怀孕，她腹中的孩子可如何是好？没了儿子，谁来接替我治水呢？"所以他慌忙走近巨石，用发抖的声音喊："孩他娘啊！你把儿子给我吧！"

话音未落，就听到"轰隆"一声震天响，巨石随之裂开了一条大缝，从里面跑出来一个活蹦乱跳的娃娃。大禹赶紧把孩子抱在怀中，亲个不停。后来，大禹给儿子起名叫"启"，而那块石头则被叫作"启母石"。

吃饭，便叫涂山氏每天来送饭。为防涂山氏知道自己变成熊干活，大禹同她约好：只有听到鼓声，她才来送饭给他吃。于是，涂山氏每天都听着丈夫的鼓声送饭。

有一天，大禹行走在陡峭的山坡上，不小心踩落了几块岩石，石头跳动着滚下来，恰巧落到鼓面上，传出了咚咚的鼓声。已有身孕的妻子听到鼓声，慌忙拖着笨重的身子去山上送饭。可是她东寻西走找了半天，也不见丈夫的身影。突然，她看见一头巨大的黑熊在扒土，大吃一惊，尖叫着转身便跑。

大禹看到后，来不及变成人形就跑去追妻子。他一口气追到家门口，发现门口耸立着一块巨大的岩石，旁边还有一个用来送饭的竹篮。此时，大禹才明白妻子由于惊吓过度早已化为岩石

疏导治水患

大禹治水之初，也沿袭父亲的治水方法，去堵塞洪水，但是一般的泥土经受不住洪水的猛烈冲击，"呼啦"就被洪水卷跑了，他只好再想对策。大禹请来了治水经验丰富的长者，也邀请了同他父亲鲧共同治水的人，虚心向他们请教，总结经验，吸取教训，探索根治洪水的方法。有人说："洪水之所以泛滥，是因为来势迅猛，无法排走。"有人提议："看样子，水往低处流。我们只要搞清楚地势的高低，顺着水的流向，开渠挖沟，就能把水导出去。"

可是怎么才能知道地势的高低、水流的起伏呢？人们正无计可施时，人面鱼身的水神河伯忽然从水中出来，将一块滴着水的大青石递给大

少年读全景中华上下五千年·1·先秦古韵 ▼ 传说时代·追溯人类的起源

◎看世界／埃及国王控制地方行政　　　◎时间／约前2686年~前2181年　　　◎关键词／诺姆 诺马尔赫

禹。大禹手拿石头，反反复复看了半晌，恍然大悟，原来这是一幅治理洪水的地图！只见图上河流曲曲折折，湖泊星罗棋布，天下的水情一目了然。

大禹经过思索，决定采取和原来相反的疏导之策来治水。他依据石头上的地图，让应龙在前面带路，边走边用尾巴划地，然后吩咐老百姓在应龙尾巴划过的地方挖掘河道，将洪水导入东面的大海。这个策略收到了立竿见影的效果，治理好了许多地方的洪水。禹坚持不懈，继续开沟挖渠，以疏导为主，根据地势高低来排除积水和疏通河道，使最初的沼泽"渥地"变作"桑土"良田。大禹历尽千难万险，又付出痛失爱妻的代价，才得偿所愿，将洪水治好，让人们再度过上了幸福甜蜜的日子。

舜帝年迈后也仿效尧，求访贤者来继任。禹因为立下了治水奇功，受到万民景仰，人们便众口一词，推举禹来接任。因为社会生产力有了很大的发展，氏族贵族应运而生，再加上禹在治水中的功劳，使他在部落联盟中的威望和权势大大提高，事实上，禹已经从部落联盟首领变为一个国王了。

综合考古发现来看，氏族社会末期的仰韶文化和早期的龙山文化遗址，大都分布于浅山区和丘陵地区河谷两岸的高地，但龙山文化中期与晚期的部落遗址，在靠近河岸两侧地势较低的区域，尤其是河南豫东大平原地区也广有分布。这种现象，大概与因禹成功治水而大大促进了农业生产，进而促进了整个区域的发展有关。

▲大禹治水

▶（红山文化）绿松石刑天雕像

少年读全景中华上下五千年 1

—————— 先秦古韵 ——————

夏家天下///文明时代的开端

公 元 前 2 0 7 0 年 ~ 公 元 前 1 6 0 0 年

◎看世界／乔塞尔修建金字塔　　◎时间／约前2686年~前2181年　　◎关键词／伊蒙霍特普

大禹姓姒，名文命，尧时被封为夏伯，故又称夏禹。他是我国传说时代与尧、舜齐名的贤圣帝王。传说，大禹治水成功，使他在部落之中建立起了极高的威望。后来"帝舜荐禹于天"，将帝位禅让给了大禹。大禹为了更好地管理各部落，便下令将土地划分为九州，还在涂山之会后，把九州州牧进献的"金"（青铜）熔铸成九只大鼎，借此告诉世人自己成为天下共主，九州自此统一。

公元前2070年~公元前1600年
////////////夏家天下////////////
夏禹铸九鼎

众部落离心离德

大禹当上了联盟首领后，不仅维持了之前部落并存的局面，还封了不少新的部落。时间一久，其中一些部落首领免不了心猿意马，另有所图。此时，恰逢各部落首领前来拜见大禹。他决定趁此机会进行郊祀之礼，于是命众部落首领留在阳城协助他进行祭祀。

到祭祀之时，大禹伏地叩首，诚恳地向上天祈祷、祝福。典礼官大声诵读出祝文，众部落首领听来，大禹先在前半部分祝文中表达了他为天下求福之意，后又告诉上天，天下是舜让给自己的，自己将来也一定会将王位传给贤德之人，肯定不会将天下变为一家之物，让天下只姓一姓。

▶禹王像
禹，通常尊称为大禹，与尧、舜并称为传说中的古圣王。同时他也是子承父位的世袭制和中国奴隶制的创始人。

大禹还告诉上天："我对诸多部落首领都进行了考验，其中皋陶办事成熟老练，人又聪明睿智，而且还立过很多功，做了不少善事，所以现在我将他通报上天，举荐他为我的继承人，并请求得到上天的许可，希望上天能显现出一个吉利的兆头，以示批准我的这个决定。"

祭祀结束之后，众部落首领直抒己见，对大禹的做法十分不满。一个部落首领说道："这太可笑了，他把皋陶推荐给上天，可人人都清楚皋陶现在不仅老，而且病得很严重，性命只在旦夕之间了。大禹要把王位让给他，这只是做个样子给我们看！"另一个部落首领跟着发表看法："我听说禹的儿子启集合了很多他的亲信，打算继承禹的王位。这样看来，大禹根本就没有将王位禅让给贤德之人的打算！"就这样，众部落首领不欢而散。

涂山之会消疑虑

郊祭活动并未实现大禹的目的，有三十三个部落因对他不满而离去，大禹因此心烦不已。他发现，不信服他的主要是位于东、南两个方位的部落，他决计再召开一次部落大会，并在会上就自己的做法向各部落首领公开道歉。他将大会地点定在了阳城东南的涂山。

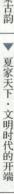

〉〉〉伯益曾辅佐大禹治理水患、开垦荒地、种植水稻、凿挖水井，后人将伯益挖的井称为"益井"。

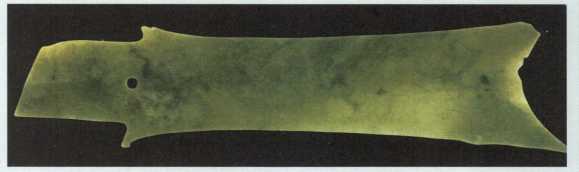

▲（夏）玉牙璋

这件牙璋出土于河南偃师二里头文化遗址，长32.9厘米，宽8厘米，厚0.15厘米。璋为墨玉质，扁平状，色浅呈肉色，璋面受沁。内弧形刃，柄末端斜出，有一圆穿。玉质较脆，璋体较薄，应为礼器。

　　大会正式开始之后，身披礼服、手拿玄圭的大禹出现在台上，众部落首领同时向大禹行稽首之礼，大禹也以同样的礼回应。大禹高声向众部落首领检讨道："我这个人品行粗俗肤浅，能力上也没有过人之处，无法使大家信服，所以为了帮助我改正自己的过错，我恳请大家面对面地对我提出诚恳的批评、告诫、规劝，这正是我将大家聚集起来开会的目的所在。虽然在治理水土上，我曾经以辛苦的劳动取得过一点点功绩，但我一生最常拿来告诫自己的就是一个'骄'字。舜帝也经常用这个字来提醒我，'汝惟不矜，天下莫与汝争能；汝惟不伐，天下莫与汝争功'，所以，假如我有什么地方自满了、夸耀了，还希望大家当面给我指出来，要不然就会让我变得不仁爱了。我会认真聆听大家对我的教导的。"

　　大禹原本就是由天命所授，再加上他求教的态度又是如此真诚、谦恭，所以他又重新赢得了众部落首领对他的好感和敬佩，部落首领原先对他存有的成见和顾虑也一并打消了。

　　各部落首领在此次大会上还进献了礼品，大部落进贡的是玉，小部落献出的则是帛，据史料记载，"禹会诸侯于涂山，执玉帛者万国"。

　　大禹设宴款待各部落首领，并给予他们丰厚的奖赏。他还对贡法进行了郑重说明，强调朝贡一定要遵照规定进行，要准时。他同时向众部落首领做出保证，他会尽全力使各部落的权利得到维护，使他们免受邻国的侵扰。大会结束后，众部落首领乘兴而去。

　　随后，大禹带领大臣们折返阳城。回程途中，大禹急闻皋陶离世的消息，十分悲伤。回到阳城后，他将自己未来的继任者又换成了一向以贤著称的伯益。于是，之前疑心重重的部落首领们顿时明白自己误解了大禹。他们不但更加坚定地

◀（夏）陶鼎

1973年河南偃师二里头出土。此鼎高20.5厘米，口径20厘米，褐色夹砂陶，腹部饰有方格纹，三足外侧有戳印的附加堆纹。

支持大禹，朝贡也变得踊跃了许多。

大禹来自民间，所以他的民本思想很重。他将富民看作根本，经常深入民间进行巡视，体察民情，寻访品德高尚、才华出众之人。

他在厅前分别挂起鼓、钟、铎、磬、鼗，并公示天下："教我以道者击鼓，谕我以义者击钟，告我以事者振铎，语我以忧者击磬，语我以讼者挥鼗。"大禹刚刚诏告天下，九州贤能之人就闻风而动，很快来到了阳城。

铸造九鼎，天下归一

作为部落对大禹的一种致敬方式，四方部落首领经常将"金"（青铜）作为贡品带到阳城献给大禹，就这样，天下进献的青铜越来越多。

同时，为了表示对涂山大会的怀念，大禹决定效仿黄帝轩辕氏功成铸鼎的做法，用这些"金"来铸造大鼎。

为了不引起众部落首领的不满，大禹仔细考虑之后，决定将各州贡献的"金"都用在给各州所铸的鼎上，并在各州鼎上都铸上各州内的山川形势。同时这些鼎上还铸有一些奇禽怪兽，都是大禹治水过程中所碰到过的，目的是让天下百姓能将神和怪区分开来。

几个月之后，大禹掌管天下已满五年。他遵照舜帝之制，也每五年进行一次巡狩活动。大禹结束巡狩归来后，九鼎已成，气势直贯长空。

九鼎为冀州鼎、兖州鼎、青州鼎、徐州鼎、扬州鼎、荆州鼎、豫州鼎、梁州鼎、雍州鼎。各州的山川风物、奇禽怪兽在鼎上皆有。这九只鼎代表着九州，其中豫州鼎是中央大鼎，意味着豫州是中央枢纽。

大禹将这九鼎都汇聚到都城阳城，以此告诉世人大禹成了全天下的主人，天下实现了大一统。

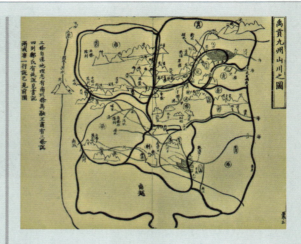

▲禹贡九州山川之图

南宋淳熙十二年（1185）雕版墨印。该图主要表现我国古代地理名著《尚书·禹贡》中所述的禹贡九州的分布及山川大势。图中各要素采用中国古代地图传统形象画法，并用虚线绘出"南北西域"和"三条四列"，反映了我国山川地脉的分布形势，是研究中国古代自然地理区域分布及汉唐地理学史的重要参考文献。

之后，"天命"就居于九鼎之上，九鼎意味着王权无人可及，高高在上。国家从此统一，兴旺发达。

九鼎也被大禹命名为镇国之宝，四方部落首领来觐见时，都要在九鼎前参拜。现在人们经常用到的"一言九鼎""问鼎中原"等成语就由此而来。

此后，九鼎就成了国家祭祀典礼中意义最重的器物。谁掌握了九鼎，谁就掌管了天下。九鼎安全，天下就安定；九鼎出了事，国家就可能存在危险。

后来，商灭了夏，九鼎就被搬到了商的都城亳邑；周又灭商，九鼎就随周朝到了镐京。之后，周成王建新都于洛邑，便又将九鼎迁至于此，并称其为定鼎。

九鼎作为镇国之宝、传国之鼎，其流传时间约有两千年。东周末期，战事不断，九鼎突然消失得无影无踪，到现在仍然下落不明，去向成了一个谜团。

约前2070年

〉〉〉传说禹建都阳翟（今河南禹州）后，召集众多邦国、部落首领会于涂山（今安徽蚌埠怀远），史称涂山之会。涂山之会确立了禹天下共主的地位。

公元前2070年～公元前1600年
//////////夏家天下//////////
启建夏朝

传说在大禹晚年时期，足智多谋的伯益被人们一致推选为帝位的接任者。但大禹去世后，大禹的儿子启却夺走了帝位。随后，伯益集结东夷部族与启展开了帝位争夺战，最终启攻杀伯益，取得了胜利。在启的统治下，中国第一个真正意义上的国家产生了，私有制的奴隶社会取代原始社会，中国开始了"家天下"的历史。

权力开始绝对化

夏禹统治时，他在部落联盟中的权威开始慢慢树立起来。九鼎的铸成更加强了他的权威。

在夏禹晚年的时候，有一次他将各部落首领聚集到茅山（今浙江绍兴）开会，打算借此机会再展示一下他的威严，以巩固他对各部落的控制。恰好，大会刚开始，他就有了这样一个机会。在茅山附近，有一个名为防风氏的部落。防风氏的首领并不将禹的权力当回事，所以在大会开始后才来。这惹怒了禹，禹遂命人将他处死了。

这时，夏禹手中所握有的军队已足以灭掉单个氏族部落了。因此，这一次他当着所有部落首领的面处死防风氏，目的就是要杀鸡儆猴，改变部落联盟形同散沙、各部落首领各自为政的局面，削弱各部落的独立性。

▶夏启像

启，史称夏启，生卒年不详，夏禹之子，是中国历史上"世袭"取得王位的第一人。他在位9年，死后葬于安邑附近。

其他部落首领都被禹的威严镇住了，此后都毕恭毕敬，谨遵禹王之命，无人敢擅自行事。于是，禹至此真正实现了"说一不二"，"九州王"实至名归。

禹暗中为传子筹划

禹王过世前的几年，曾经试图仿照尧舜的做法，想将王位禅让给一个贤能之人。一开始，人们推荐的是从帝舜时就负责刑法的皋陶，但他还未来得及接任就病逝了。后来，伯益被一致推选为新的王位接任者。

伯益是生活在虞夏时期的一个重要历史人物，有才能，有谋略。相传舜执政时，打算开发土地，建立村落。伯益火烧山林，撵跑野兽，开发出了一大片土地。大禹治水时，伯益和禹一起四处

〉〉〉禹在茅山举行部落大会，防风氏很晚才到。禹便下令处死了防风氏。各部落首领从此唯禹之命是从。

约前2070年

奔走，疏浚河道，立下了汗马功劳。

伯益的深谋远虑也在解决民族冲突时体现出来。三苗没有臣服时，伯益就给舜、禹提出建议，在威慑的同时还要施以恩惠，在武力征服的同时还要以德服人。伯益在治水时所遇到的地质地貌、动植物、民风民俗、轶闻趣事等还被他自己记载下来，成为了《山海经》的部分素材。在当时人们的心中，伯益也被视为英雄，其地位只在大禹之下。

但逐渐地，大禹的想法却起了变化。王位的牢固让他认为，王权是他千辛万苦得来的，应该传给自己的儿子，而不是其他什么人。禹的这种想法越来越强烈，但伯益曾经立下很多功劳，在人们中间也有着很高的声誉。为了将王位让给儿子，禹绞尽脑汁，费尽心思，吃饭、睡觉都不踏实。

经过深思熟虑后，禹想道："我从舜帝手中接过王位时之所以很顺利，有两点原因：其一，我当年治水立了功，人们因此对我十分敬重和拥护；其二，舜将我定为他的继任者之后，就放手让我去管理天下大事。不妨我也采用舜的办法，让儿子去履行管理天下的职责，同时不给伯益建功的机会。这样做，既能让启在人们中间树立起威望，又能浑然不觉地将伯益排挤出去。"就这样，禹按照他

的计划让启一步步地参与到国事的处理中来。

几年后，由于启把国事处理得很好，所以他的口碑也越来越好。伯益虽然被定为继承人，但他再未取得新的功绩，他过去所做的好事也慢慢被人们遗忘了。

启开创家天下制度

启在禹死后，当真以继承人的身份掌握起王权来了，而大部分部族首领也都愿意为启效命尽忠。

眼见事情发展到这个地步，伯益十分恼怒，心想："原先禹选定我来接替他的王位，如今启却不顾羞耻，将王位抢走。这件事违背道义，我一定要征讨他。"

伯益原为东夷人，他就集合东夷部族，领兵向启发起进攻。启早已做好了迎战的准备。他势力之庞大，是伯益无法比的，而且启的很多亲信和亲朋好友都是各地的部落首领，所以他们都出兵支援启。一场厮杀过后，启战胜了伯益。

胜利之后，启在钧台（今河南禹州）举行了盛大的宴会以示庆贺。启在宴会上公开称自己为夏朝国君。大禹治水的功德和在此基础上树立起来的权

▶（夏）管流爵
这种爵十分罕见。由于器物下腹设有一斜置的管形流，故名管流爵。此器造型奇特，敞开的器口，中间凹陷成弧形，两端如燕尾尖锐上翘。器身扁长。下接外鼓的假腹，上有圆孔数个。斜置的管形流上有两个曲尺形饰件。腹部饰有两行平行的乳钉纹，上下则以弦纹为栏。整件器物的装饰朴素而简单。

▲（齐家文化）人头形柄铜刀

齐家文化处于铜石并用的新石器时代，以冶铜业闻名于世。图中的铜刀出土于甘肃广河齐家坪，刀长14.6厘米，柄端为人面雕刻，风格拙朴。

威，是当时所有人都无法企及的，因而启"子承父位"在人们看来也就顺理成章了。

由启作为开端，王位世袭制在中国历史上正式得以确立。奴隶社会"家天下"从此登上历史舞台，代替了原始社会的公选"禅让共主"制度，氏族公社分崩离析，国家的轮廓开始形成。

为了赢得人们的信任，启从严要求自己。他每餐只吃一碗平常的蔬菜，睡觉只用一床粗制的旧褥子；他严禁在祭神、祭祖之外的活动中奏乐娱乐；他尊老爱幼；他重视人才，唯才是举；他任用懂武艺的人为军队将领。

启的这些举措，果然产生了很好的效果，仅一年之后，他就赢得了更加良好的口碑。大家都公认启是禹天经地义的继承者。从此之后，人们对父亡子继的家天下制度再无非议了。

奴隶社会代替原始

社会具有划时代的意义，人类由此向前跨越了一大步。原始社会的生产力水平极低，人们生活得非常艰难。到了奴隶社会，农业和手工业逐渐分工，社会生产力水平显著提高，人们的生活条件大大改善，为文化的兴盛打下了基础。

▶孔望山杯盘石刻

孔望山的杯盘石刻是夏朝的祭台，东西长320厘米，南北宽200厘米，厚度约为70~120厘米。杯盘上列成一圈的九个圆窝是夏王会见天下诸侯时放置信物用的。

〉〉〉少康的儿子季杼即位。他发明了甲和矛，并大举征伐东夷，取得胜利。

约前1884年

◎看世界／印度种植棉花　　　　◎时间／约前2300年　　　　◎关键词／棉纺织品 世界最早

夏朝统治由盛转衰始于孔甲执政时期。孔甲是夏朝的第十四代君王，在位三十一年。相传，他喜好养龙，又笃信鬼神，是一位胡作非为的昏君。他统治期间，各部落首领纷纷叛离，夏朝国势衰落，逐渐走向崩溃。而在他之后仅仅过了三代，夏朝就灭亡了。

公元前2070年～公元前1600年
//////////夏家天下//////////
孔甲养龙

胡作非为，迷信鬼神

孔甲是夏朝第十四代君王，性格怪僻。他的父亲不降就是因为担心孔甲承担不了管理国家的责任，没有让孔甲继承王位，而是让自己的弟弟扃继承了王位。扃死后，其子廑即位。直到廑病死后，孔甲才接过了王位。孔甲的登基本是偶然，但在他看来，这是他对天神长久拜祭得到的一种赏赐，所以他更加笃信神灵了。

在执政的三十一年中，他恣意淫乱，整日沉溺于歌舞美酒之中，相传一种名为"东音"的乐调就始于他的创作。可以说，孔甲就是一位恣意妄为的无能昏君。他使得夏朝由盛转衰，灾荒不断，田地颗粒无收，人民没有了生活来源，日子过得苦不堪言。

▶（夏）灰陶斝
斝最早产生于龙山文化早期，形制一般为圆底深腹盆下接三袋足。斝起初是用以煮粥烧水的炊具，进入夏代以后，渐以盛酒、温酒为主。到夏代末期及商周时期，青铜斝开始流行，多用作酒器和礼器。

许多部落首领都离他而去，夏朝加速衰落，日益靠近毁灭的边缘。

刘累奉命养神龙

养龙是孔甲的一大爱好。有一次，孔甲在与宫娥玩乐时接到一个大臣的报告："有一公一母两条巨龙从天上飞到了凤凰岭下。"孔甲获悉后，兴奋异常，把这两条龙看成是上天给他的恩赐。于是，他命人将两条龙捉了回来。但苦于没人会养龙，他立刻命人去寻找懂得养龙之法的人。传说尧舜时期有一个叫豢龙氏的人很会养龙，他的这种技艺一直传了下来，从未断绝。所以有人向孔甲举荐了豢龙氏的后人刘累，并向他吹嘘说刘累以前学习过驯龙的技能。孔甲不辨真假，就请刘累来养龙，并封其为"御龙氏"。此外，孔甲还将原先祝融氏后代的封地豕韦改封给了刘累。

实际上，刘累师从豢龙氏学习养龙也就几天时间，关于养龙的知识，他也只是一知半解。在之前捕龙的过程中，母龙受到了伤害，所以养了没多长时间就死亡了。而公龙情况也不太好，不进一点食物，活不了多久了。刘累害怕获罪，就把这些情况都隐瞒下来，还荒唐地把已经死去的母龙拖出去，剥下龙皮，将龙肉剁成肉酱，并烧制成肉饼供孔甲食用。孔甲尝过后，觉得味道十分鲜美，就命人前往刘累家索要。刘累没了办法，担心孔甲发现实情，举家躲到了今河南鲁山。

约前1867年

〉〉〉季杼的儿子槐即位。他在位时，夏朝的社会经济有所发展。槐还建立了圜土（即监狱）。

◎看世界／印度出现文字　　　　　◎时间／约前2300年　　　　　◎关键词／印章 文字符号

▲（良渚文化）玉珑

玉珑其实就是龙首形玉璜，在良渚文化中作为高规格的祭祀礼器出现。此玉珑长20厘米，呈弧线形，扁平状，器形大而厚实。沿圆弧的内、外缘，各雕有五个和四个椭圆形凸面，两端各雕有一龙首，龙嘴与牙齿间有一孔，作为穿绳之用。

师门恃才招祸端

孔甲知道实情后，发现刘累已跑，十分恼怒。但人已逃了，孔甲也无可奈何，只好又请来了一位养龙高人。此人叫师门，师从于崔啸父，喜好以桃花、李花为原料烹制食物，此外他还可以吃火、行火、跳入火中自我焚烧、驾着烟火飞天。

师门的确有养龙的真才实学，没用多长时间，经过他调理的公龙就重新变得精气十足、神采奕奕了，孔甲见此十分欢喜。但师门做事从来不愿受人控制，只按照自己的想法去做，纵然是孔甲也奈何不了他。关于养龙，他就和孔甲发生了数次争吵，让孔甲十分不高兴。一天，师门又斥责孔甲明明什么都不了解，还装作很懂的样子，胡乱指挥。这彻底激怒了孔甲，孔甲一气之下就让卫士砍了师门的头，并将师门的尸体埋于郊外的荒野之中。

传说师门的尸体被埋好的一瞬间，狂风呼啸，电闪雷鸣，紧接着大雨倾盆而出，地面上的积水达三尺之深。雷雨交加中，公龙也离开养龙池升天了。大雨刚停，一场大火就在城郊山林中燃烧起来，一切林木都被点燃了。

身处宫中的孔甲听到这些情况后害怕至极。由于他迷信神鬼，所以他断定这是师门的冤魂在作怪，当即命人备下大量祭品，自己乘车来到师门尸体所埋之处进行祭祀，祈求师门饶恕自己。祭祀结束后，一行人回到宫中，卫士请孔甲下车时，人们才发现孔甲早已死于车中。

实际上，孔甲命人饲养的并非两条真龙，而应该是两条大鱼。孔甲一向喜欢故弄玄虚，他称大鱼为神龙，并宣称龙是上天给他的恩赐，他这样做的本意是想蒙蔽、捉弄天下人，让自己的地位更加稳固。但他荒废政务，只沉迷于荒谬绝伦的迷信活动中，这已经给夏朝亡国埋下了隐患。

历史百科//最早的计算工具——算筹//

算筹是我国古代劳动人民发明的最早的简单运算工具之一，它产生于人民的实践活动中，并被传播到了很多地方。据史书记载，古代的算筹其实就是一些长短粗细都相同的小棍子，它们通常有14厘米长，径粗0.2厘米，材质多为竹子，也有木头、兽骨、象牙、金属等材质的。二百七十多枚算筹编为一束，然后装入袋中，以便绑在腰间随身携带。依照中国古代的筹算规则，运用算筹计数时要从右到左，纵横交错，即个位是纵式，十位就是横式，到百位再变为纵式，千位则重复用横式，万位再采取纵式……如此下去，无论多大的自然数就都能用算筹表示出来了。

▼少年读全景中华上下五千年·1·先秦古韵

▼夏家天下·文明时代的开端

○二五

夏桀是夏朝第十七代君王，他荒淫骄奢，暴虐无道，是历史上有名的暴君。夏桀执政时期，宫中逐渐形成了肆意淫乐的风气，内政不治，外患频频，阶级矛盾越来越突出。然而，在这种情况下，夏桀不但不求新求变，反而恣意妄为，横征暴敛，残害忠良，致使众叛亲离，最终被商汤所灭。至此，统治华夏大地长达近五百年的夏王朝宣告结束。

公元前2070年~公元前1600年
//////////夏家天下//////////
夏桀亡国

宠爱妹喜，荒淫奢侈

夏桀本人体格健硕，身强力壮，他徒手就可以扳直铁钩，掰断鹿角。不止如此，他还智力过人，富有才干，头脑十分灵活。但是，这些优点都没有被他用到治理国家上，反倒被用在了享乐和对老百姓的残酷统治上面。他阻碍农业生产，同奴隶主贵族一起对人民实行压榨，压制起反抗的奴隶来更是凶残之极；对外他肆意挑起战争，敲诈小的城邦。

在登基后的第三十三年，他挑起了对有施氏的战争。有施氏是一个东方小国，国力较弱，不敢与夏进行对抗，所以他们愿意臣服于夏，并向夏朝进贡。然而桀却仗势欺人，非要对有施氏进行屠杀。有施氏打探到桀是一个好色君王，就特意将美女妹喜献给桀，以示投降。桀看见妹喜非常漂亮，非常欢喜，于是下令收兵，并将妹喜带回了夏朝。

桀对妹喜宠爱有加，整日与她在一起吃喝玩乐，还对她百依百顺。妹喜对陈旧的王都宫殿很不满意，桀就特意为她重新修建了金碧辉煌的琼室、象廊、瑶台和玉床等，以博得她的欢心。桀又命人将肉食挂在庭院中间的树上，将其命名为肉

林；还让人在庭院中间挖出一个大酒池，里面盛满了美酒。每次他们二人来到倾宫，都会让宫女为他们跳舞助兴。当宫女们疲倦之时，桀就让她们去肉林中食肉，去酒池中饮酒。据《帝王世纪》所记，妹喜非常爱听"裂缯之声"，认为这种声音清脆、嘹亮，特别动听。桀为博得美人一笑，就下令每

▲作威作福的夏桀

这幅画出自山东嘉祥武氏祠，描绘了两个宫女被绳索捆绑在一起，双膝跪地，作为夏桀的坐骑。夏桀跨在人辇上，肩扛武器，体现了他的残暴。

▶夏桀宠妃妹喜

妹喜，"妹"读"mò"，又名末喜、末嬉，生卒年不详，是夏朝末代国王夏桀的宠妃。夏桀骄奢暴虐，整日和她饮宴作乐，不理政事，终至灭国。后世"红颜祸水"的说法便始于此。

天向他献帛一百匹，让力量大的宫女每天撕给妹喜听。

这些沉重的负担加在了百姓的肩上，百姓因此感到十分痛苦，但只能忍气吞声。桀还将阿谀奉承之人任命为重臣，而那些直言进谏的忠臣却遭到了他的摒弃。当时有个小人叫赵梁，曲意迎合桀的嗜好，不仅教给桀享乐的方法，还传授给桀敲诈、压迫百姓的手段，因此桀对他十分宠信。

在饮食上，桀非常挑剔：酒要醇，容不得半点杂质；蔬菜、鱼肉和调味品只能是指定地区的。为了让他吃好饭，每天有成百上千人忙忙碌碌。这些侍奉他的人稍不注意，就可能丧命。桀还有一个恶习，就是他喝醉之后，要将人当作马来骑，连大臣们都不能幸免。一些大臣累得筋疲力尽后向他求饶，反倒被他杀害了。

残杀忠臣，众叛亲离

当时，东方有一个部落叫商，它的首领汤曾经给桀举荐过一位兼具德行与智慧的贤能之人伊尹。伊尹用尧、舜的仁政对桀进行规劝，希望他能理解百姓的痛苦，多为百姓着想，用仁爱之心来管理国家。可桀根本不接受他的劝诫，伊尹无奈，只得离开。

晚年的桀荒淫程度更甚，没有丝毫节制。他居然下令建造了一个被他称作夜宫的大池，并领着不少男女混居在池内达一月之久。在这期间，他没有上过一次朝。

桀有位大臣叫关龙逄，为人正直，是一位贤臣。他眼见桀这样为所欲为、滥杀无辜，就入宫

去劝诫桀。关龙逄说："从古至今，仁慈、贤明的君王都应该勤于政务，爱惜他的子民，体谅属下，过简朴的生活。这样，国家才会稳定。而像您现在这样生活荒淫、放纵，肆意杀人，是会引起天下大乱的。您会失去人心，大夏朝也就朝不保夕了。"夏桀哪里能听进去？他大发雷霆，不仅责骂关龙逄，还将关龙逄杀害了。

太史令终古痛哭流涕地向他进谏，但桀不但不听从，还严厉地训斥了他。终古明白桀已经不可救药了，就投靠了商汤。此后，忠义、正直的大臣再也不敢规劝桀了，桀听到的只剩下卑鄙小人的奉承之语和诽谤之言了。

夏桀仍然自以为是，觉得他的国家永远不会消亡。他还自称为太阳，说："太阳消亡的时候，我才会消亡。"

◀（夏）铜铃

河南偃师二里头遗址出土的夏代铜铃，是中国最早的有舌青铜乐器。铜铃体形较小，器壁较薄，铃体上窄下宽，横断面为合瓦形铃体，一侧有扉棱，舞面为平面，上设有桥形钮。铃舌为玉质，保存完好，玉质的管状舌和合瓦形的铃体能够产生良好的音效。

夏朝末期的统治者只注重对奢华生活的追求，就必定会加重对人民的搜刮和盘剥。当人民无法忍受的时候，就必定会起来进行抗争。再加上夏朝内部冲突严重，各部落也都背叛了。在夏桀实行暴政、夏朝内外冲突严重的形势下，商汤起兵对桀进行讨伐。他认为这是天意，就打出了替天行道的旗号。夏朝人民与各部落都纷纷行动起来支持、配合他，因此，鸣条大战中商汤将夏桀的军队一举摧垮。桀逃出夏都后最终死在了南巢，夏朝由此消亡。

这次事件也教育了商汤，他因此推行"以宽治民"的治国之道，让人民休养生息。商朝的社会经济由此进入了发展的快车道，开创了辉煌的青铜文明。

老百姓们恨他到了极点，指着太阳咒骂他说："时日曷丧，予及汝皆亡！"大意是说，你这个太阳，还不赶快灭亡？我们宁肯与你同归于尽！

桀逐渐失去了人心，夏王朝也岌岌可危了。

殷鉴不远，在夏后之世

《诗·大雅·荡》中有这样一句："殷鉴不远，在夏后之世。"这句诗是说，可以从夏朝的覆灭中吸取教训。

商汤的军队居然能在很短的时间里就将夏朝这样一个强盛的国家消灭。一直到东周时期，人们还对这件事吃惊不已。孔子认为，这是由于桀对其子民太过残暴，所以才落得人死国亡的下场。这也是古代思想家们对此较为统一的观点。《管子·牧民》也说："政之所兴，在顺民心；政之所废，在逆民心。"《韩诗外传》归纳说："前车覆而后车不诫，是以后车覆也。"

历史百科 //夏朝官制//

夏朝是我国进入奴隶社会后建立的第一个国家。伴随国家的出现，标准意义的"官职"也产生了。据《礼记·王制》记载，夏朝的官职包括了人们所说的三公、九卿、二十七大夫、八十一元士，总计有一百二十人，官员总人数是唐虞时期的几倍。后稷、司徒、司马、司寇、司空、太史、秩宗等是其中较为重要的官职，而太史和秩宗是秘书官职。太史是机要秘书长，职责是辅助夏王解决国家政务问题，左史、右史、道人等是它下属的从官。

少年读全景中华上下五千年 1

———— 先秦古韵 ————

殷商王朝///奴隶制的鼎盛时期

公 元 前 1 6 0 0 年 ~ 公 元 前 1 0 4 6 年

◎看世界／埃及出现玻璃制造业　　◎时间／约前2040年~前1786年　　◎关键词／玻璃制品　流传至今

在中国古代社会，很早就形成了优秀的商业传统，《世本》讲了"祝融作市"，《淮南子·览冥训》中则讲黄帝时期"不豫价"。但真正开启商业实践和行商传统的却是商族的第七代首领王亥。他是第一个进行物物交换、从事经贸活动的"商人"，可以说是现代商人的鼻祖。王亥不仅建立了行商的传统，更借商业贸易壮大了本部族的实力，泽被后人，因此受到商族人的顶礼膜拜。

公元前1600年~公元前1046年
////////////殷商王朝////////////
商人始祖王亥

往来各地，贸易经商

冥的长子王亥，名振，作为部落首领，他和他的先人一样伟大。王亥很有才能，不但在协助父亲治水的过程中取得了很大的功绩，而且还创造出了牛车。

王亥掌权后，因为商部族农业、畜牧业十分发达，生产发展迅速，人民生活水平得到提高，身体素质得到增强，对自然灾害和野兽侵犯的抵抗能力也得到强化。由于部族的发展速度很快，商族开始向周边拓展势力。

因为部落生产过多，出现了物品剩余现象。为了进一步增强部落实力，换取奴隶主需要的其他物品，王亥就率领部族成员用牛车拉着货物在各部落之间辗转。他们被其他部落的人称为"商人"，而这一名称也一直沿用至今。

客死异乡

王亥的最后一次商贸活动是在黄河以北的有易氏（现在的河北易水一带）进行的。《竹书纪年》记载："帝泄十二年，殷侯子亥宾于有易，有易杀而放之。"王亥及其弟王恒用牛车拉着货物离开商丘，千里迢迢来到了有易氏。不料，有易氏首领绵臣见钱眼开，便起了杀心。他谋害了王亥，轰走了王亥的随行人员，将财物据为己有。王恒则大难不死，连夜逃回了商丘。

但自上古时期起，人们对绵臣杀死王亥就一直存在着怀疑。

第一种解释认为，王亥和绵臣的妻子发生了淫乱行为。由于商族祖先玄鸟氏同有易氏有婚姻关系，有易氏和王亥就是血亲，那王亥的行为就当以乱伦罪论处，因此他惹来了杀身之祸。而根据《山海经》记载，起初，绵臣看到王亥兄弟二人不远千里拉来了很多的东西，十分欢喜，便将他们视为贵客，设宴款待。宴会盛大而庄重，其中还有美女歌舞助兴。商人从先祖起就好酒，王亥兄弟也一样如此，兴之所至就多饮了一些，结果王亥就对绵臣的妻子做出了有失体统的举动。这惹怒了绵臣，他命人连夜杀死了王

◀（商）双耳彩陶罐
商代早期器物，通高8.5厘米，口径7.7厘米，玉门清泉火烧沟第115号墓出土。敞口，斜腹，束腰，折下腹，小平底，有对称双耳。器型大方秀丽，折腹下粘贴有一周绿松石片作装饰。

〉〉〉商汤的儿子外丙即位后，仲虺、伊尹二相辅政，以宽治民。外丙尊商汤为"宗汤"，进行了隆重的祭祀。

◎看世界／埃及使用卧式织布机　　◎时间／约前2040年~前1786年　　◎关键词／纺织业

◀（商）"乙父丁"铜提梁卤
高35厘米，口径9.2厘米。圆直口，有盖，子母口；盖顶状如钉帽，正中有一捉手。溜肩，垂腹，圈底，下接圈足。口沿下附一对桥形耳，提梁作绳索状。器体的盖、颈和圈足上各饰一条纹带：器盖纹饰为雷纹；颈部纹饰以卷云纹为地，上饰兽面纹；圈足以雷纹为地，上饰兽面纹。器盖内侧有铭文"乙父丁"三字。

亥，截下所有货物，并让人把其余商族人驱逐出了有易氏。此外还有一说，认为王亥被绵臣所杀是王亥之妻和王恒共同密谋的。根据屈原《天问》的记述，王亥的妻子就是一名有易氏女子，王亥遇害时，她"击床先出"，先自顾自逃了出去，之后便嫁给了王恒。

　　无论真实的原因如何，在后世的商人心中，王亥身上永远有着一种神奇的力量。在商人的先公（近祖）中，唯有亥称王；此外，他名字中的"亥"字也被后人刻成从亥从鸟形，即在"亥"字之上刻一鸟，这体现出王亥在后人心中的地位之高，已经可与图腾比肩了。

　　王亥是一名真正的游商，他不仅建立了行商的传统，还将《墨子·贵义》中所说的"商人之四方，市贾倍徙，虽有关梁之难，盗贼之危，必为之"运用到了实际中去。因此，王亥可以说是现代商人的鼻祖，几千年来，始终受到商人们的顶礼膜拜。

历史百科 //商朝的货币//

　　货币最早出现在商朝人的物物交换活动中。早期的货币主要是海贝，因其在黄河流域较为罕见，故比较珍贵，符合货币的要求。朋是贝的单位，一朋有十枚贝。在殷墟妇好墓中，考古工作者就曾找到约七百朋海贝。后来，当稀少的海贝满足不了流通需求时，玉贝、骨贝又作为货币登上了历史舞台。它们都不大，长2厘米左右。到了公元前14世纪至前11世纪的商朝晚期，货币家族中又加入了一种铜贝，其形制与海贝相似，可以算得上是我国最早的金属货币了。

商族首领汤不仅高瞻远瞩，而且仁爱正直。他见夏桀暴虐无道，失去民心，便决心灭夏。汤采取了很多措施增强自己的实力，削弱夏朝。他勤政爱民，广施仁义，得到了百姓和弱小国家的拥戴，国家实力日渐强盛。虽然这时商还臣服于夏，但客观上已经可以与夏分庭抗礼了。汤的励精图治，为后来征讨夏桀并取代夏朝做了充分的准备。

公元前1600年～公元前1046年
//////////殷商王朝//////////
商汤"网开三面"

▲商汤网开三面
传说商汤散步时，看到有人在四面张网捕鸟，就劝他们网开三面。诸侯听说此事，纷纷称赞他仁慈，都先后归顺于他。

广施仁义，和睦邦交

汤乃商始祖契的十四代孙，其生卒年不明。汤成为商族首领后，目睹了夏桀骄奢淫逸、凶残冷酷和人民生活的苦不堪言，就决意要摧毁腐朽的夏朝。他静观天下大势，发现在桀的统治下，夏朝国势日衰，民心背离，于是计划抓住这一时机，团结与桀结仇的小国一起向夏发起进攻。为方便攻夏，汤迁商都至接近夏朝管辖区域的亳城（今河南郑州附近），以清楚了解夏朝的动向。来到亳以后，对内他注重以宽容的态度来管理民众，为民众谋取利益，所以民众都十分拥戴他；对外，为了联合更多的反夏力量，他注重笼络相邻的方国。而他首先拉拢的是葛国。

葛（今河南宁陵北）也是夏的一个方国，位于亳的西边。其首领葛伯对夏桀十分忠诚，但他也是

一个贪图享受的人，对人民生产、生活毫不关心，甚至不愿举办对国家十分重要的祭祀典礼。汤听说葛伯很久没有进行祭祀后，就派人来了解原因。葛伯告诉商的使节说："我们也知道祭祀很重要，但每次祭祀都需要很多的牛羊，如今我们没有牛羊，用什么来祭祀呢？"得知这一情况后，汤就命人将一群肥大的牛羊送到了葛伯那里。葛伯见汤竟然上了他的当，还送来了不少牛羊，就将它们一个不剩地都杀死吃了，依旧不举行祭祀仪式。

汤听说葛伯仍然没有进行祭祀，就又派人来问询原因。葛伯告诉来人："我们的土地不能产粮，没有酒饭这样的贡品，自然就不能祭祀。"于是，汤又让亳地的人来帮助葛种粮，并且让亳人将做好的饭菜送给葛伯。但葛伯却让人在葛境内将饭菜夺去，并杀害不顺从他们的送饭的亳人。

汤发现葛伯执意与自己作对，不值得再去拉拢了，便领兵灭了葛。由于葛伯不仁在前，其他各族首领不仅没有对汤的这一举动提出异议，还纷纷说葛伯罪有应得。在汤的治理下，商国不单畜牧业兴盛，农业也很发达，国库中囤积了大量的粮食，不仅能自给自足，还积极救助出现灾祸的邻邦，所以商与周围相邻的小国关系都十分融洽。

◎看世界／埃及加强同克里特岛的联系　　◎时间／约前2040年~前1786年　　◎关键词／卡玛瑞斯式陶瓷

网开三面，四十国归顺

　　一次，汤来到城郊巡视，他发现大树下面有一个猎人正在四面铺网准备捉鸟，还听见猎人祈求说："希望全部的鸟儿和走兽都落入我的网中，无论它们来自哪个方向，一个也不漏掉。"汤不忍目睹这一切，就对猎人说："你这不是要消灭它们吗？这过于残酷了吧？你只铺一面网就好了，其他的都可以拿走。"猎人觉得不好办："只有一面网又如何能捕到鸟呢？"汤感叹道："自由飞翔的鸟儿，想往哪里飞就往哪里飞，唯独那些活够了、任性的鸟儿才会自己飞到这网中来。"

　　汤的这番慨叹很快就在百姓中传开了，人们

都说："对待鸟兽，商汤竟如此仁爱，可见他是个和善、仁慈的君王。我们应当一心一意拥戴他。"被夏桀欺侮的一些小国发现汤这样仁义，便都投靠商，陆陆续续有四十多个小国投靠商。就这样，商变得更加强大了。

声威震主，被囚夏台

　　商汤勤于朝政、爱民如子、与邻国和睦相处的事迹传到了夏桀的耳朵里，他害怕汤实力强大而威胁自己的统治，就打算将汤骗到夏国来，以绝后患。

　　恰逢这时桀处死了忠臣关龙逢，夏臣们不敢可怜关龙逢，更没有胆子去祭奠他。汤闻讯后，却不害怕桀的淫威，即刻带人赶到京城祭奠关龙逢。桀大怒，借此机会，将他软禁在了夏台（位于今河南禹州，又名钧台）。

　　商国的右相伊尹为了救出汤，就给夏桀送去了许多珍宝和十名美女。美女和珍宝果真打消了夏桀心中的怒气，又由于给汤求情的人接连不断，桀于是便把汤释放了。汤绝处逢生，他铲除夏桀、拯救黎民的决心更加坚定了。

　　商汤决定先将夏的大小羽翼挨个铲除，同时等待伐夏的良机。由于民心都在汤这边，所以汤出征十一次，结果是全胜而归，由此名震四方。汤勤于国事，积极发展生产，商的实力日渐强大，其势力范围也从黄河下游延伸到了中游，甚至渗入了夏的管辖地区。虽然这时商还臣服于夏，但客观上商已经可以与夏分庭抗礼了。

◀（商）融觯
此器口径8.8厘米，高18.7厘米，足径7.8厘米，青州市苏埠屯出土。器盖、底皆铸"融"字，器为盛酒器。商代青铜器以酒器为主，甚至礼器亦是酒器比食器多，这和商人好酒的习惯有关。

在第三位君主仲壬过世后，伊尹将太甲立为商王。太甲继位三年后，开始恣意妄为，用残暴的手段统治百姓。伊尹在劝说无效后，下令将太甲放逐桐宫，直到他改过自新，伊尹才又将政权交还给他。太甲复位后，吸取教训，成为勤政爱民、励精图治的贤君。作为五朝元老，伊尹在手握国家大权和君王命运时，却能抛开个人私欲，一心为国为民，堪称一代贤相。

公元前1600年 ~ 公元前1046年
//////////////殷商王朝//////////////
伊尹流放太甲

王位。但仅仅过了三年，外丙也去世了。而接下来执政的外丙的弟弟仲壬，在王位上只待了四年，便也死去了。

这段时间，朝政大权掌握在伊尹一个人的手中。伊尹除了协助商汤建立了商朝之外，还辅佐商汤的继任者们维护商朝政治的稳定，保证了国家机器的正常运转。但与这些相比，伊尹在解决商王太甲问题中所展现出来的忠诚与仁慈、智慧与勇气才真正让他名垂青史。

大约公元前1544年，伊尹将太甲立为商王。太甲是太丁之子、商汤的嫡长孙。相传太甲学习的《伊训》《肆命》《徂后》等均为伊尹亲笔所作，他这样做的目的是希望将太甲培养成一个明君。

太甲昏聩，苦劝无果

商汤本有一太子叫太丁，但他去世的时间比汤还早，因此，汤去世后，太丁的弟弟外丙登上了

在《伊训》中，伊尹以商朝先王所取得的丰功伟绩来教育太甲，希望他不要贪图享受，学习爱敬之法来陶冶性情，树立德行。《肆命》则是教人辨别是非的道理，它将应该做的事和不应该做的事阐述得一清二楚。文中还说天命无定数，规劝太甲要培养品行，陶冶情操，防止堕落。《徂后》主要说的是商汤时期的法律制度，伊尹在文中告诫太甲务必要从历史中吸取经验教训，要遵循先祖订立的规矩办事，不可以违背祖训，肆意妄为，不要重演夏朝亡国的一幕。

起初，伊尹的教导和文章还是挺有效的，太甲也可以做到按祖训办事，态度十分恭谨。然而到了第三年，太甲看到天下归一，国运兴隆，粮食满仓，不禁有一些飘飘然，得意忘形起来。他觉

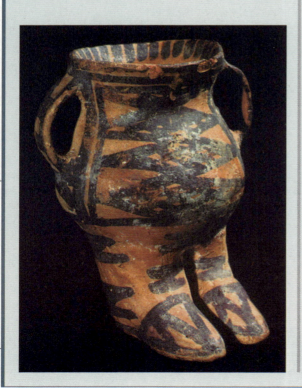

◀（商）人足形彩陶罐

商代早期器物，通高11厘米，玉门清泉火烧沟出土。敞口，曲颈，圆腹，双足，器似人形，为造型艺术与彩绘艺术完美结合的文物珍品。

〉〉〉祖乙多次出兵，终于征服兰夷、班方等国，解除了东南方夷族对商的威胁，商朝再度中兴。

▲（商）绿松石项链
江西新干出土。珠长1.4~4.1厘米，绿松石质，颜色深浅不一，大小各异，上下边棱被琢磨得比较圆润，中心各有穿孔，可连接成串。出土时正置于死者胸前，为颈部装饰品。

得天下已经太平了，国家无需管理，是到了享受的时候了；自己作为国君，应该一言九鼎，要不然就名不副实了，所以不应该再听伊尹的话了。于是，他开始把伊尹的告诫当成耳旁风，充耳不闻，甚至还效仿桀用残暴的方法欺压、残害百姓，与商汤的做法大相径庭。因此，民怨之声不绝于耳。

伊尹显然不会眼睁睁看着商朝民心尽失和汤王亲手建立的王朝毁在太甲手中。他先苦口婆心地劝说太甲，希望太甲注意反思自己的言行。但当他发现劝说无用后，遂将太甲赶下了王位，并将他流放到了商汤坟墓所在地桐宫（今河南偃师），希望他认真反思自己的所作所为，学习先祖关心百姓疾苦、胸怀仁爱的品德，改过自新。

在太甲遭到流放的日子里，由于朝中无主，伊尹就自己治理起国家来了。

流放太甲，促其悔过

在流放桐宫的日子里，终日与太甲相伴的只有先祖商汤的坟墓。商汤虽贵为商朝开国君主，但其陵墓却与常人的墓无异，墓地上只有一座又低又矮的宫室，用来进行一年一次的祭祖仪式。守墓的老人得悉太甲遭到流放的原因是因为其违反了祖训，于是就天天给太甲叙说当年商汤创业的经历以及他所制定的各种制度，以此来教导太甲学习商汤，做一个明君。

面对先祖商汤的丰功伟绩，太甲心情十分矛盾，憧憬的同时又充满了愧疚。在对自己过去的行为进行反省时，太甲的愧疚之情越发深重，他决意改过自新，弃恶从善，广行仁政。从此，太甲像

换了一个人，他无时不在向祖父学习，竭力去帮助老弱孤寡，办事风格也变得严厉、迅速起来。这以后，再也没有做过一件违反祖训和朝廷法律的事。

在太甲流放期间，伊尹始终留意着太甲在桐宫的一举一动。三年后，伊尹看到太甲已经洗心革面，心中非常高兴，于是他又率领群臣亲自将太甲迎回了商都亳城，并将王权庄重地重新交给了太甲。有了前车之鉴，太甲办起事来始终遵循着商汤传下来的法度，认真听取群臣的忠言良策，大小事情都处理得井井有条。这时的商朝，政通人和，诸侯臣服，人民生活安定，重现了商汤之风，商朝由此走上了稳定发展的道路。

相传太甲去世后，伊尹还专为他写下了三篇《太甲训》，对他进行称颂，还尊称他为太宗。

贤德宰相，以公心对帝王

伊尹之所以能被各个朝代作为一代贤相进行传颂，有两方面原因：其一，是伊尹本人的才华、道德修为以及建立商朝的伟大功绩；其二，便是他全心辅佐太甲。太甲昏庸无德时，伊尹将其放逐；太甲洗心革面后，伊尹亲手还政于太甲。前者，伊尹需要承受来自内外部的巨大压力；后者，则体现出伊尹崇高的德行。因此，伊尹这位商朝的贤相，成为千古臣子的典范，成为历代尊崇的圣德之人也就不足为奇了。

伊尹堪称是一个十全十美的人物。其后的众多宰相，大都无法做到德才兼备，总有一面有所欠缺，而真正能做到的，却又没有天时之利。唯独伊尹不仅是开国功臣、数朝元老，在手握天下大权时，还能做到客观公正，以自己的忠诚赢得诸侯的信服，以自己的仁义赢得百姓的欢迎，以自己的才智帮助君王治理国家，这种现象在中国历史上少

之又少。但遗憾的是，因为有关商朝的历史资料残缺，无法用更具体的事例将伊尹的形象还原出来，而他的一生便带有了传奇色彩。后来，周公监国时，为了表明自己摄政仅仅是为了保证国家的稳定，而不是篡权，还专门用伊尹的事例来进行说明。因此可以说，最晚在周朝时，伊尹就已被看作是贤相典范了，他成了衡量一个宰相好坏的标尺，而后世的诸多贤相也几乎都受到他的影响。

伊尹在手握国家大权和君王命运时，却能抛开个人私欲，公正地看待君王，一心为国谋福，无愧为中国历史上的第一贤相。以伊尹为开端，忠、正、勤、智、柔便成为中国宰相的优良品德。

▼（商）鸮鸮卣

鸮鸮卣是一种特殊造型的盛酒器。此卣椭圆形腹，圆底，下有四个鹰爪形短足。有盖，盖两侧各为一鸮鸮首，尖喙下勾，圆眼。每一鸮首与腹部羽翼纹及下方的双足相对应，形成两个相背的鸮鸮形象。盖顶中心铸一方纽。器颈铸浅浮雕兽头形穿两个，可系绳悬提。此卣古朴典雅，构思巧妙，是青铜卣器中的瑰宝。

〉〉〉祖乙的儿子祖辛在位期间，很好地维护了祖乙传下来的基业，因此也受到后世商王的尊崇，甲骨文中有不少祭祀祖辛的卜辞。

太甲去世后，商朝又先后经历了沃丁、太庚、小甲、雍己四任商王的统治。这一时期，商朝开始衰败。一直到太戊即位，起用伊陟、巫咸二人处理国事，商朝才又一次出现繁荣局面，君臣齐心，政治清明，百姓安乐，各小国重新臣服于商。这是太甲之后商朝政局最好的一个时期，所以太戊又被商人称为"中兴之君"。

公元前1600年~公元前1046年
//////////殷商王朝//////////
太戊中兴

朝廷生桑穀

太戊少年时便登上王位，但他只想着享受，对于国家政务却很懈怠。

当他执政到第七年时，王宫庭院中长起了一棵桑树，这本无特别之处，但桑树下还长起了一棵穀树，而且它长得很快，七天就已经很大了。

由于自然知识的缺乏，人们就将它看成是妖魔鬼怪。太戊顿时心生畏惧，觉得上天要给他降下一场灾祸。

伊陟借机劝谏

正当太戊为"妖树"的出现而发慌时，大臣伊陟抓住机会规劝太戊："臣听说妖怪赢不了德行，可能是大王在处理政务时存在什么违背道德的行为，因而才引出了妖怪。假如大王善政修道，以德治民，灾祸自然就消失了。"

太戊觉得伊陟的话很对，真就改过自新了，从此在治理朝政上变得十分勤奋，此外他还广修

德行。实际上，这种非正常生长的共生树木，长到一定程度是会自然死亡的，而太戊却认为这全是因为自己修德治国，用德行将妖怪压下去了，因此他更加勤于政务了，也更体恤百姓了。

太戊因此对伊陟充满感激之情，还在祭祀先祖时赞扬他。他计划给伊陟以更高的礼遇。而伊陟非常谦虚，继续全心全意为国家服务。

根据古书记录，太戊是商朝执政最长的君王，执政时间长达七十五年。他在位时勤于政务，注重修德，治国安民，很有作为。他执政期间，很多小国又归附商朝，商朝因而出现了中兴的局面。因此，为纪念他为商朝所做的贡献，太戊被后人称为中宗。

▲（商）亚丑钺

长32.7厘米，宽34.5厘米，钺身上镂雕人面纹，造型威武狰狞，两侧铭"亚丑"二字，正反面纹饰、铭文均相同。此钺出自一个有48人殉葬的大墓，墓葬规模稍逊于王陵，墓主人身份应为仅次于商王的方伯。此钺形制如此巨大，在铜兵器中极为罕见。

"一人"或"余一人"是商王的自我称谓，这种称呼是对他高不可攀的地位的突显。商朝中晚期的君王，名号中常常使用一个美称来修饰其后的干支，像康丁、武乙、文丁等，这说明商王的地位十分的尊贵。最后两位商王，他们的名号甚至是用"帝"字来命名的，叫作帝乙、帝辛，这清楚地体现出"君权神授"的理念。

商朝中期，统治阶级内部争权夺利，频繁迁都，致使国家经济萧条，国势衰微。为走出困境，商王盘庚决定将商都迁至殷地。对于商朝历史而言，"盘庚迁殷"无疑是一次伟大的革新，它改变了商朝的发展轨迹，使商朝重新兴盛起来，并创造出了璀璨夺目的商朝文化。

公元前1600年~公元前1046年

//////////殷商王朝//////////

盘庚迁殷

振兴国势，决意迁都

商朝是个奴隶制国家，拥有雄厚的实力。但商王仲丁之后的九世之乱，导致商朝政局发生了剧烈的动荡，国势日渐衰微。

盘庚名旬，生卒年月不明，祖丁是其父，阳甲是其兄。盘庚是在阳甲死后登上王位的，是商朝第二十位国王。他是一位很有才华的君王，不仅熟知本国家和民族的历史，还有一套很有针对性的治国之道。盘庚可以将商朝那些有功之臣拉拢过来为己所用，同时又可以不受他们的影响和利用。所以，虽然他登上王位的时候还年纪轻轻，但却已经具备了带领商朝走出困境的能力。

当时因黄河泛滥频繁，致使商朝损失严重，再加上社会矛盾日益激化，所以盘庚决定迁都至土地肥沃的殷地（今河南安阳西北），以改变当时王族内部的混乱状态和动荡的社会局面。

恩威并用，挫败阻扰

迁都一事提出后，商朝那些大奴隶主贵族们却坚决反对。因为他们在旧都的奴隶数量众多、土地广阔，还有不少的房屋，所以一旦迁都，他们必定会损失惨重。此外，还有一些贵族是因为留恋舒适的生活，不愿承受迁都的劳累而反对迁都，他们都希望可以改变盘庚的主意。于是，一些贵族仗着自己的势力妖言惑众，挑拨平民来抵制迁都，使得人们惶惶不安。

但这些声势浩大的反对浪潮也没能改变盘庚迁都的决心。他将持反对意见的贵族们召集起来，告诉他们说："我要你们进行迁移是为了让我们的国家稳定下来，是仿照先王体恤臣民的做法，关心和护佑你们，领着你们去寻找安乐之地。假如你们心怀异心，先王的神灵就会带来灾祸，惩治你们！你们不理解我的良苦用心也就罢了，还到处设置障碍。我告诉你们，迁都之事已不可更改，不愿迁的人可以留下，可是不准反悔。罪恶轻而易举就可以生长起来，就好像燎原的大火，如果让它燃烧起来，人都无法接近它，又如何能

◀（商）饕餮纹瓿

通高21.7厘米，口径19.2厘米。敛口、束颈、圆肩、深腹、平底、高圈足，足根部置三个方形小镂孔。颈部饰两道平行凸弦纹，肩部、圈足饰一周目云雷纹，腹部饰一周饕餮纹，其上下界饰以目雷纹。

〉〉〉祖丁的儿子、阳甲的弟弟盘庚即位。

将它扑灭呢？假如真出现了这种情况，那是你们自作自受，而非我的过错！"

　　盘庚见无人说话，便继续说道："所有人都清楚，殷不仅有适合农业生产的肥沃的土地，而且它的地理位置也十分重要，它能够让我们更方便地掌控各个诸侯和方国。将国都迁到那里后，老百姓不就能够安定地生活了吗？社会不就能够安定下来了吗？国家不就能够强盛了吗？"

　　盘庚的坚持最终冲破了反对派设置的障碍。然而就在所有迁都的准备工作都已做好，队伍行将启程时，隆冬时节已经来临。这时，有人借此机会提出，不如等到第二年春天，天气暖和后再迁都。盘庚就做起大家的思想工作来，他演讲道："比如乘船，坐上了船却不想过河，只等着船一点点腐烂，这样不但你们自己要沉下去，大家也会和你们一同没入水中。我们早一点到达新都，春天时还可以赶上种一季庄稼，如今退却是没有前途的。"

　　盘庚下达了出发的命令后，人们赶着牛车和羊群，浩浩荡荡地向殷进发了。在经历了千辛万苦渡过黄河后，人们终于到达了殷（今河南安阳小屯村），并立即投入到了艰苦的新都建设中去。

营建新都，安居乐业

　　相传，当时为了加快新都建设的步伐，盘庚经常带领人们在夜间手持火把劳动，火光将河岸两侧照得通红通红的。人们喊着号子，肩挑背扛，汗流浃背地劳动着，场面十分热烈。安阳地区的居民有一个古老的习俗，一直流传至今，即在每年农历正月十五、十六这两天，人们都会在河边进行踏青游春活动，到了夜晚，大家就会挂起灯笼，表示庆祝。这或许就是在纪念盘庚迁殷这件事吧！

▲（商）大禾人面方鼎

高38.5厘米，口长29.8厘米，宽23.7厘米，呈长方形，立耳，四柱状足。鼎腹的四面各以浮雕式人面作主体装饰，人面高颧骨，双眼圆睁，眉弯曲，唇紧闭，表情威严肃穆。人面双耳肥大，上饰勾云纹，下有爪形纹饰。鼎腹部四角有外凸的扉棱，并带有齿状凸饰。鼎足上部饰兽面纹，也饰扉棱，与腹部呼应，下有三道弦纹。方鼎的整体装饰层次丰富，清晰精致，主题鲜明。

　　殷都建成后，盘庚奉行较为开明的政策，人民生活慢慢富足起来，已经走上下坡路的商朝再度中兴。后来，他还强制打消了贵族们返回旧都的念头。就这样，在随后的二百多年中，殷作为商朝国都的地位就始终再未改变，因此，商朝又被称为殷朝或殷商。

　　盘庚迁殷改变了商朝的发展轨迹，使商朝重新兴盛起来。盘庚执政二十八年，臣民们写下《盘庚》三篇来称颂他的功德。他去世后，殷人还专门给他建造了庞大的陵墓，地点就在如今的侯家庄、武官村以北的西北岗附近。商王陵墓区后来就在这里形成了。

商王武丁用人奉行"唯才是举，英雄不问出身"的准则。宰相傅说就是武丁从筑路的奴隶中发现的。傅说是我国历史上最早被尊奉为"圣人"的人，他一心辅佐武丁安邦治国，使商朝呈现出政治开明、国富民强、万象更新的面貌，历史上将这一时期称为"殷国大治""殷道复兴"。

公元前1600年~公元前1046年
////////殷商王朝////////
奴隶宰相傅说

"版筑"营造技术

傅说出生在大臣（今山西平陆大臣），天赋异禀，才智过人。他本为平民，早年在大臣附近的傅岩（又称傅险，今山西平陆圣人涧）过着隐居生活。这里高山耸立，涧水从两山之间流过。一到雨季，涧水便会大涨，道路常遭毁坏，所以有一批"胥靡"（奴隶）常驻于此，承担着治水修路的任务。面对洪水，他们采取"自然沉落法"，即用土来阻挡洪水。他们不停地劳作，但依然无法完全挡住洪水。

傅说目睹了胥靡们的艰辛，决意帮他们解决这个难题。他加入了他们的行列，最

终探索出一套"版筑"营造技术，即用两块木板相夹，再在木板两侧各放上两根木椽，然后用麦草将它们捆绑起来，紧接着把湿土填到中间，直到填满为止，由于里面可能会混有石灰、草泥，所以要用杵将湿土捣实，最后再筑成土墙。这样就可以很好地防御洪水了。

在当时极为落后的生产力条件下，这项发明确实很了不起，因此在朝廷引起了轰动。傅说因此受到黄河两岸百姓的称颂。但奴隶主对他十分嫉恨，因此将他贬为奴隶。

武丁托梦寻傅说

武丁是一个胸怀崇高政治理想的人物，他听说了傅说的才干后，就亲自去拜访他，向其虚心求教。傅说纵论古今，指出时代的弊端，并提出了兴国安邦的方法。武丁听后心服口服，认为他的确是一个经世济民的贤人，决意要将相位授予傅说，但又对商朝严格的等级制度和法规有所顾忌，觉得若立刻任用傅说，必定会受到贵族的强烈反对，于是他心生一计，另做打算。

迷信活动在商朝人的生活中不可或缺，甚至在商朝国家政治生活中也占有重要地位。《礼记·表记》云："殷人尊神，率民以事神，先思而后礼。"武丁为实现他任傅说为相的目的，不仅三年不问政事，还利用迷信上演了一幕戏。

▶傅说像

傅说是商朝宰相，傅姓家族鼻祖，我国杰出的政治家、军事家和建筑学家。他辅佐商高宗武丁安邦治国，开创了历史上有名的"武丁中兴"的辉煌盛世，并留下了千古不朽的《说命》三篇。

〉〉〉祖丁的儿子、盘庚的弟弟小辛即位。

◎看世界／汉谟拉比与马里联盟　　　　◎时间／约前1792年~前1750年　　　　◎关键词／灭亡拉尔萨

▶（商）兽面纹斝

此斝带柱高约35厘米，颈口侈大，口沿处有两根立柱，立柱顶端饰涡纹。颈腹分段，腹部呈圆弧状鼓出，环饰兽面纹和云雷纹，并对称缀以圆凸乳丁。弧形单柄，平底，三角形锥状三足。此器具有明显的商代特征，立柱顶端所饰涡纹象征太阳，其形状为圆形，中间略突起，周边有旋转的弧线环绕。

一天晚上，武丁睡到半夜，突然有意纵声大笑起来。他的仆臣们听到笑声后，赶紧上前探问所梦之事。武丁欢喜道："天下有希望了，梦中先王将一个叫作'说'的大贤人举荐到我面前，说此人能助我治国，你们赶快给我找出此人来！"然后武丁将傅说的容貌画下来，命众官员去搜寻。

就这样，武丁终于将傅说任命为宰相。贵族们尽管不满傅说的奴隶身份，但碍于是先王梦中推荐，也就不敢再说什么了。

傅说专心辅佐武丁治国。他协助武丁大力发展商朝的政治、经济、文化，采取了"治乱罚恶、畏天保民、选贤取士、辅治开化"等手段，使各王室宗亲之间、国家与奴隶之间的矛盾逐渐缓和下来，商朝呈现出政治开明、国富民强、万象更新的面貌。

《说命》三篇，旷世哲言

《说命》三篇由上、中、下三部分组成。

上篇描述了傅说第一次与武丁会面的过程，并记录了武丁谦虚地接受进谏；中篇里，傅说将治国之道讲述给武丁；下篇的内容是傅说论学，武丁以伊尹为参照，希望傅说也能成为这样的贤相，傅说也诚恳地请求武丁能向商汤学习，二人相互劝勉对方，各司其职，恪尽职守。《说命》三篇都被记录在了儒家经典《尚书》中。

《说命》三篇中包含了很多关于君王治理国事的行为准则。更重要的是，傅说在文中将"非知之艰，行之维艰"的重要哲理揭示了出来，它不仅将傅说朴素的唯物史观反映了出来，更成为上古时期我国社会发展的原动力。

即使是在三千年后的当代，傅说的很多观点依然可供我们借鉴。

在武丁手中，傅说从奴隶变成了宰相。就当时的上古奴隶社会而言，这的确是殷商高宗武丁进行改革的一个气魄十足的大手笔。由于武丁能礼贤下士，傅说能竭力辅君，他们君臣互相敬重、情谊颇深，成了古代明君贤相的典范，而傅说也成了我国历史上首位被人们所供奉的"圣人"。

后世的很多名士，像屈原、李世民、杜牧、苏轼等，都作文章称颂傅说杰出的才华和崇高的品德。而傅说在傅岩的隐室也被人们称为"圣人窟"，傅岩旁的洞水也被人们称为"圣人涧"。

在其后的三千多年中，傅说家乡的百姓为他建祠堂、立石碑，以此来表达他们对这位生活在上古时期的伟人的怀念之情。

◎看世界/喜克索斯人入侵埃及　　　◎时间/约前1674年　　　◎关键词/残暴统治

商朝后期，虽然出现了盘庚、武丁这样一些"中兴"明君，可商朝最终还是因一些君王的昏聩无道而逐渐衰落下来。到第三十任商王纣统治时期，商朝已是危机重重，气数将尽。商纣和夏桀一样，都是中国历史上暴君的代表，史书上将他们并称为"桀纣"。今天还常用到的"酒池肉林""炮烙之刑"等成语就是桀纣暴虐无道的证明。

公元前1600年~公元前1046年
//////////////// 殷商王朝 ////////////////
商纣王荒淫亡国

帝乙误立太子

帝乙在位时间不长，临终时，他与其弟比干和箕子就王位继承人之事进行商议。

箕子主张立帝乙的长子微子，而比干则举荐帝乙的小儿子帝辛为继承人。比干认为，微子虽是长子，但其母却非帝乙正室；帝辛虽小，但是嫡子。结果帝乙听取了比干的建议，遵循传统礼法，将王位传给了帝辛，而没有将仁厚、稳重的长子微子立为太子。

谁曾想到，帝乙这一念之差，竟给商朝招来了亡国之祸。

实际上，比干极力为帝辛争取王位，除了维护商朝传统礼法之外，还有一个更主要的原因，这就是他对帝辛的偏爱。在太史公司马迁的记录中，帝辛不仅容貌英俊，而且"资辨捷疾，闻见甚敏；材力过人，手格猛兽"，

脑力和体力都非常出众。一次，帝辛看见王宫的工匠们正在搭顶梁的架子，准备换掉王宫中坏了的顶梁柱，就对他们说："你们不用那么麻烦了，房梁我来托着，你们只管换柱子吧！"由此可见帝辛力气之大。

征伐东夷的亮点

单看帝辛执政之初的表现，帝辛也还算是一位明君。他专心治理国家，进行改革，不杀奴隶，发展生产；接受新思想，不祭神灵。他曾经在深山中训练军队，锻造兵器，还亲自领兵征讨徐夷，使商朝的势力延伸到了东南一带。他还对长江流域进行了开发，中原的先进文化和生产技术得以传入东南地区，从而加快了这些地方经济、社会的发展，打下了中华民族统一的基础。

但是，与此同时，战争不仅将商朝的人力、财力消耗殆尽，还使人民的负担更加沉重，人民的生活也愈加痛苦了。

商朝疆域在帝辛平定东夷后更加广阔了，随着农业的发展，商朝财富、

◀（商）兽面纹双面铜鼓

通高75.5厘米，重约92.5千克。鼓身饰雷云纹构成的兽面纹，两端边缘装饰三列乳钉。鼓身上部中间有一钮，中有穿孔，可系绳悬吊，鼓身下有四矩形座。铜鼓凝重浑厚，气魄雄伟，是我国目前发现的最早的铜鼓。

粮食越来越多，于是帝辛建仓库，用来存粮聚宝。《史记》上说："厚赋税以实鹿台之钱，而盈钜桥之粟。"

商朝的这种"中兴"景象，使帝辛高估了自身的价值，让他变得傲慢起来。他不仅独断专行、文过饰非，还不接受谏言，并且炫耀才能、自以为是，就连他对大臣说话的语气，也渐渐蛮横起来。慢慢地，他连比干的话也不听了。

"酒池肉林"，荒淫无度

到了统治后期，帝辛更加专横、奢侈，满腔义愤的天下人就送给他一个绰号"纣"，指责他残害无辜、背离正义的行为，"商纣王"的称呼就由此而来。

纣王为和妲己纵情玩乐，四处强征苛捐杂税，盘剥人民，无视人民疾苦，还大搞土木工程，建起了鹿台。这座新宫修建时间长达七年，人力物力花费巨大。鹿台高千尺，周长三里，高大雄伟，金碧辉煌，是纣王享乐的专用之所。

另外，在沙丘（今河北平乡东北），他还让人建造了苑囿、台榭，规模都很宏大。苑囿是他专设的皇家动物园，里面的珍禽异兽均为各地所进献。苑囿中还建有用美玉装饰的倾宫、琼室，华美而壮观。

鹿台中藏有价值连城的财物，"钜桥"中也堆积着很多的粮食，这些东西都是商纣王从人民手中盘剥、强征来的。鹿台中还有一个池子，也是他命人所挖，池底和四壁都用鹅卵石进行了装饰。商纣王让人将好酒倒入池中，并把烤肉挂成树林一般，这就是有名的"酒池肉林"。商纣王还命很多的男人、女人裸体在"酒池肉林"中通宵达旦地嬉戏打闹，从而满足自己的淫欲。因此，"酒池肉林"就成了君王荒淫生活的代名词。

在纣王肆意浪费奴隶们的劳动成果、尽情享乐的同时，人民却过着苦不堪言的生活。

纣王十分好色，他在宫中供养了大批来自民间的美女，过着荒淫的生活。当他知道九侯之女很漂亮时，就让人将她强抢到了宫中，想强迫她做自己的妃子。但九侯之女对纣王的荒淫无耻十分憎恶，不肯顺从，结果惨死在纣王的手中。

九侯和他的好友鄂侯获悉此事后十分悲伤。他们斥责纣王道："你如此草菅人命，定会引起人神共愤。你会受到天下人的征讨，商朝不久就会灭亡了。"纣王听了怒不可遏，就把他俩一个煮成了肉汤，一个烤成了肉干。

"炮烙""蛋池"之刑

在妲己的教唆下，纣王又发明了一种新的刑罚，名叫"炮烙"，即把一些抹上油的铜柱子架在炭火上烧，当铜柱子烧得滚烫之时，纣王就让那些反对、斥责他的臣民赤脚在上面行走，没几步，那些人就被烫得皮开肉绽，跌到炭火中去。每当见此情景，纣王和妲己不但不同情他们，还欢喜得拍起手来。

纣王和妲己的残酷无情引起了人们对他们的痛恨，人们不断咒骂他们。妲己对此很是担心，就问纣王说："反对大王的人这么多，大王有什么办法对付他们呢？"纣王说："我有一个装有上万条蛇和蝎类的毒虫的蛋池，是我早早命人挖好的，凡是反对我的人都会被扔到这个池中去喂毒虫。"

妲己觉得很刺激，就说："大王不妨演示一下，让我开开眼界。"于是纣王就随便抓来几个百姓投入蛋池，看池中人万分痛苦的样子，纣王和妲己觉得非常过瘾。

纣王和妲己惨无人道、滥杀无辜的做法让一些正直的大臣心痛万分。他们纷纷进言，希望纣

王能反躬自省，有所克制，多行仁政。然而纣王不仅没有听进去，反倒用炮烙或扔进虿池的方法将他们残害致死。

见纣王越来越昏庸、残暴，纣王的兄长微子也多次入宫觐见。在劝说无效后，他携带着商族祭器无奈地离开了。此后，纣王杀害了忠臣比干，又将箕子囚禁起来。他这些残忍的行为致使人民的愤怒达到了极点。纣王已处于孤立无援、四面楚歌的境地。

不久，周武王就以替天行道为名征讨商纣。周商一战中，商军全面溃败，纣王回到商都，在鹿台之上自焚而死，商朝自此灭亡。

▼（商）举方鼎

这件商代方鼎口径16.6厘米，宽14.2厘米，高23厘米，济南长清小屯村出土。此鼎腹内壁有铭文"举祖辛禹"及"举"的徽号。举是商代大族，居于济南地区。

少年读全景中华上下五千年1

———— 先秦古韵 ————

西周帝国///普天之下莫非王土

公 元 前 1 0 4 6 年 ~ 公 元 前 7 7 1 年

◎看世界／古印度早期吠陀时代　　◎时间／约前1500年~前900年　　◎关键词／雅利安人　《梨俱吠陀》

公元前1046年~公元前771年
////////////西周帝国///////////
西伯昌治岐

▲周文王姬昌像

姬昌，季历之子，古公亶父之孙，谥号文王。他统治周族五十年，为兴周灭纣做出了巨大贡献。

西伯昌（前1152~前1056），即姬昌，古公亶父之孙，季历之子，谥号文王。他仁爱和善，用人唯贤，统治周族五十年（约前1105~前1056在位），没有辜负祖父的殷切期望，为灭掉商朝、振兴周族做出了巨大贡献。可惜，他尚未来得及出师便去世了。虽然他没能亲自推翻商朝，但却为灭商大业做好了准备：天下三分，周族就占其二。他的儿子姬发，即周武王继位后，就推翻了商朝，建立了周王朝，最终完成了振兴周室之大业。

太任守胎教，圣君有美德

季历的妻子叫太任，聪明贤淑，出身于周人的同盟姜姓部落，深得季历的宠爱。据《列女传·母仪传·周室三母》记载，太任有孕时，"寝不侧，坐不边，立不跸，不食邪味，割不正不食，席不正不坐，目不视于邪色，耳不听于淫声。夜则令瞽诵诗，道正事"，成为中国首位注重胎教的母亲。因为太任进行了胎教，日后出生的姬昌才有世人称颂的美德。

太任分娩时，恰巧有一只羽毛火红的鸟飞过来，鸟嘴中衔着一方满是红字的绢帛，停落在产房的屋顶上。绢帛上写着："唯有小心翼翼，方能确保事业有成。唯有发愤图强，方能世世代代繁荣。"婴儿的祖父古公亶父目睹此景，非常开心，认为这个婴儿正是振兴周族的人，所以给婴儿起名叫昌。这个孩子长大继位后，被人们称作西伯昌，他就是历史上的周文王。

慈惠有谋，礼贤下士

西伯昌气宇轩昂，仁爱和善，用人唯贤，养精蓄锐，使周国渐渐国富民强。西伯昌在西方诸侯中声望甚高，他们有了讼事便纷纷请他来裁决，而不去找商王，比如说虞芮之讼。据说，当时的虞国和芮国接壤，虞国在今天的山西平陆境内，芮国则在山西的芮城境内，两国为了争边界而纠纷不断，动不动就短兵相接。后来他们慕西伯昌之名，想请他秉公裁决。当虞国和芮国的国君抵达周境之时，看到在周国边境耕田的农夫对田界互相谦让，路上的行者作揖礼让；进入城镇，见到男女各行其路，白发苍苍的老人在路上都不背东西，自有素昧平生的人争着背；走入朝廷，看到士人礼让大夫，大夫礼让卿相，百官团结友爱，并非钩心斗角。他们顿时万分羞惭，说："我们拼命争夺的，恰是周朝人引以为耻的。我等小人，如何能踩踏君子的厅堂呢？"因此两国再没有动刀舞棒，他们都在自己的国境内划出边界。西伯昌不言而教，化解了虞国和芮国的边界纠纷，使这两国自愿依附。其后，前来归顺的诸侯竟多达四十个。

西伯昌灭掉崇后，便迁都丰邑（今西安以南）。当时，人们挖出了一些被认为无主的死人的骨头。西伯昌知道后说："拥有天下的人，就是天下的主人；拥有一国的人，就是一国的主人。此非无主之骨，其主便是我。"于是，他命人用衣冠盖住骨头，给它们迁葬。人们得知此事，愈发爱戴

〉〉〉姬昌去世，他在位50年，任用姜尚为军师，大行仁政，使周势力达于江汉，"三分天下有其二"。

◎看世界／古印度出现铁器　　◎时间／约前1500年～前900年　　◎关键词／稀少

西伯昌。西伯昌还经常教育太子姬发说："莫要捕捉有孕的野兽，莫要滥伐乱采。滥猎，会使生物圈的一些物种灭绝，它们灭绝了，我们的食物就会减少；滥伐，就会造成水土流失，破坏牧场，我们就会受到自然界的惩罚！"

对于西伯昌此时实行的制度，《孟子·梁惠王》记载："昔者，文王之治岐也，耕者九一，仕者世禄，关市讥而不征，泽梁无禁，罪人不孥。"西伯昌推行仁政，尊老爱幼，敬贤重士，治理着岐山之下周族的根据地。

在治岐的时候，他对内施以仁政，主张"怀保小民"，积极发展农业生产，采取"九一而助"的政策，也就是农民有自己的田地，还要帮助耕种公田，缴纳九分之一的税。另外，商人出入不交关税，男人犯罪妻子不连坐。这些裕民政策征税有度，激发了人们劳动的积极性。

对外，西伯昌广纳贤才，无论是来自其他部落的贤才，还是来自商纣王朝的人才，他都以礼相待，委以重任。太颠、闳夭、散宜生、鬻熊、辛甲等人，都纷纷投奔西伯昌，甘愿效劳。姬昌自己勤勉节俭，穿着普通人的衣服，还去田中辛勤劳作，治理国家尽心尽力。

由于西伯昌推行仁政，贤良多谋，德高望重，又有三十

▶（西周）獭作旅彝提梁卣
此卣敛口长唇，与盖形成子母口，盖缘上翘。腹下垂，颈上有一对半环耳，套接獬头扁提梁。圈足甚矮，沿下折。盖上和器颈均饰以凤鸟纹，腹部和盖也刻有带翎凤纹。凤鸟自古便是祥瑞的象征，周人的卣器中出现大量精致的凤鸟纹也是此意。

个国家闻风归顺。此时，西伯昌已深得人心，这为后来周朝的建立奠定了坚实的基础。

修建灵台，与民同乐

由于西伯昌一心想着老百姓，从谏如流，他为了接待来访的群众，甚至无暇吃饭，因此西伯昌一旦颁布命令，老百姓总是积极响应。

最初，西伯昌想建一个苑囿，人们知道后，自发前来修建。众人群策群力，很快就建成了一个广阔的苑囿，上至王侯，下至百姓，均可来此游赏玩乐。由于动物在苑囿里自由自在，黎民在此也悠然自得，仿佛有神灵在庇护，所以这个苑囿被民众亲切地称为"灵囿"。

后来，西伯昌还想建一个池沼，老百姓知悉

〉〉〉姬昌次子姬发即位，是为周武王，他继续重用姜尚，同时任用周公旦、召公、毕公等贤能之人，共谋伐商之策。

前1056年

◎看世界／古印度使用两头牛牵犁　　　　◎时间／约前1500年~前900年　　　　◎关键词／农业进步

后，又纷纷主动去修池。很快，一个巨大的池沼便建成了，里面养着各种各样的鱼类以及其他水生动物。于是，池沼四周成为西伯昌和民众的另一个游乐景点，这个池沼被人们亲切地称为"灵沼"。

继"灵囿"和"灵沼"之后，西伯昌还想修筑一座高台：一方面，人们可以在台上观测天象，并据以制定天文历法；另一方面，百姓可以在高台上登高远望，俯瞰大地。这个想法不胫而走，闻讯的老百姓主动前来修建高台。他们兴高采烈地拉来各种建筑材料，工地上人声鼎沸，到处是热火朝天的场面。人们依照工匠的设计，齐心协力，没多久，一座雄伟壮观的楼台便屹立在大地上。人们将这个楼台叫作"灵台"。这是由于这个楼台建得又好又快，像是有神力相助；与此同时，这个楼台还会用于观测天象，而据传神灵也将居住于此，庇佑周国国泰民安。

有人谱写了乐曲来歌颂修建灵台的盛况和文王与民同乐的场景。歌中高唱："修建灵台的消息刚一传开，负责规划的工匠着手设计。四面八方的百姓踊跃参加，雄伟壮丽的灵台巍然屹立。前来干活的人们一鼓作气，友爱忠孝的民众主动出力。灵囿休憩的文王仁厚圣明，偎依身旁的母鹿乖乖伏地。肥胖壮实的母鹿漫游囿中，银光闪烁的百鸟翔翔天际。德高望重的文王游览灵沼，碧波粼粼的水中满池大鱼！"歌曲反映了文王与民同乐的精神，并对文王尽情称颂。

▲灵台
古灵台相传为周文王伐密须国后所建。原建灵台已于1927年被毁，现存灵台为1985年重建。重建后的灵台分上下两院，下院建有灵台主体建筑文王祭天台和灵台碑廊。

▶（西周）原始青瓷罐
出土于陕西灵台百草坡，高24.8厘米。发明于商代中期的原始青瓷制作工艺，到了西周时有了进一步的发展。此罐细腻光泽，是迄今河陇地区发现的最早的原始青瓷器。

周文王统治时期，周族步入了一个崭新的时期。文王内举明政，励精图治，社会经济、文化得以迅速发展；文王外修武功，依次收服了西北的戎狄部落，消除了后顾之忧，进而挥军东下，讨伐属于商朝的方国，并且将周围的政治中心从周原迁到丰邑，也就是今天的陕西长安。许多邦国部族纷纷归附，周人的势力不仅覆盖整个关中平原，还扩展到东淮、江汉，实现了对商都朝歌的口袋式包围。此时，尽管周在名义上仍然臣服于商朝，但其实力已经能够与商抗衡。

少年读全景中华上下五千年·1·先秦古韵

▼

西周帝国·普天之下莫非王土

公元前1046年~公元前771年

//////////西周帝国//////////

圣母太姒

太姒是西伯昌的夫人，姓姒，出生于帝禹的后代建立的有莘国（今陕西渭南合阳东王莘里），尊号为"文母"。她为文王生下了十个儿子，其中影响最大的就是周武王和周公旦。太姒深明大义，仁厚温和，知书达理，秉承了太姜和太任的贤良之德。她勤俭持家，用妇道来感化、教导天下，帮助文王、武王、周公成就了灭商兴周的宏图大业，被后世尊为"圣母"。

窈窕淑女，君子好逑

《诗经》的开篇《关雎》一开始就说："关关雎鸠，在河之洲，窈窕淑女，君子好逑。"宋代大学者朱熹在所写的《诗集传》中解释说，"河"指黄河，"河洲"就是黄河中的沙洲，"淑女"指有莘国的佳人太姒，"君子"则是周文王，这首诗叙述了当初周文王与太姒定情之事。

周文王的夫人太姒姓姒，出身于有莘国的显贵之家。她深明大义，仁厚温和，知书达理。太姒不仅生得貌美如花，还心灵手巧，她能纺出又匀又细的线，织出又平又展的布；她助人为乐，无论哪家有事都愿意相帮；她对老人非常恭敬，老人们纷纷夸她心地善良。另外，太姒勤俭节约，从不浪费。人们交口称赞："天上的神仙

▲（西周）三年兴壶

有盖，圆腹，长颈，圈足，颈部一对兽首作为环耳。上铸有铭文十二行六十字。此壶形体硕大，纹饰优美，是罕见的大型铜壶。

究竟如何，谁都没看到过，但是太姒却是人间的仙女！"

太姒的美名不胫而走，传到了远在西岐的周文王耳中。文王非常爱慕太姒的美德，便派遣使者到有莘国微服私访。使者明察暗访，所到之处人人都夸奖太姒，没有一个人说太姒不好。周文王听了使者的汇报，很是开心，于是亲赴渭水去迎娶太姒。渭水无桥，文王便命舟舟相连，建起了一座浮桥，将太姒接到对岸，这反映了他对太姒浓厚的感情。

人们都觉得文王和太姒是天生一对，他们结为夫妻是老天的安排，称赞他们是"天作之合"。后来，人们在写新婚对联时，常在横批上写下"天作之合"，就是源于此。

恪守妇道，母仪天下

太姒嫁给周文王后，仍旧保持贤良淑德，仁厚温和。她特别敬慕祖母太姜和婆婆太任的人品，秉承了她们完美的品德、操行。太姒一天到晚都辛勤劳作，恪守妇道。她孝敬公婆，体贴丈夫，谦恭有礼，举止得体，还常抽时间去看望父母，宽慰老人。每次回娘家，她都预先请女先生告知文王。总之，太姒用妇礼妇道教育、感化天下，被世人尊敬地称为"文母"，文王主外，文母主内，夫唱妇随。

太姒一共生了十个儿子，长子

〉〉〉周公持大钺（一种兵器），召公持小钺，两人分立在武王左右，向上天和殷民历数纣王罪状，宣布殷朝灭亡。

▲（西周）五柱形铜器

高31厘米，器物上部五根圆形柱等距离铸在似屋脊形的短墙基上，脊下腹内相对应处有一沟槽。器物下部为空腹方座，但四角刓圆无棱隅，四壁微鼓，四壁和墙基都饰有双勾云纹。五柱不具发音效果，名称和用途都有待考证。

伯邑考，次子武王发，三子管叔鲜，四子周公旦，五子蔡叔度，六子曹叔振铎，七子郕叔武，八子霍叔处，九子康叔封，十子聃季载。

太姒教子有方，是个成功的母亲，她的儿子正直善良，没有做过歪门邪道的事情。儿子成人后，文王又接着教育他们，培养出武王、周公这样的圣主贤臣。

曾有周朝人赋诗称颂太姒的美德："思齐大任，文王之母，思媚周姜，京室之妇。大姒嗣徽音，则百斯男。"太姒秉承了太姜与太任的贤良，她用妇道来感化教育天下，帮助文王、武王、周公成就了灭商兴周的宏图大业。周朝王后母仪天下，其绝代风范，的确是旷古未有，流芳百世。

▼（清）焦秉贞《麟趾贻休图》

此图是焦秉贞《历朝贤后故事图》图册中的一幅。该图册题材均取自历代有良好德行的皇后、太后的故事，共十二幅。此图所绘源于《诗·国风·周南·麟之趾》："麟之趾，振振公子，于嗟麟兮。麟之定，振振公姓，于嗟麟兮。麟之角，振振公族，于嗟麟兮。"描述的是西周武王之母太姒的故事。

〉〉〉武王采取"以殷治殷，分而治之"的办法，安抚殷商遗民。他还封纣王之子武庚为殷侯，令其继续管理殷地人民。

周武王继位以后，依旧遵循西伯昌定下的灭商大计，并加紧了灭商的准备。此时，商纣王已经察觉到周人对商朝构成的巨大威胁，决定兴兵讨周，无奈这一军事计划却由于东夷族的叛乱而泡汤。纣王调集商朝的所有主力部队进军东夷，结果导致西线兵力匮乏。与此同时，商朝统治集团内部的争斗也进入白热化阶段。于是，武王、姜尚等人把握住这千载难逢的有利时机，大举讨商，一鼓作气推翻了殷商的统治。

公元前1046年～公元前771年 //////// 西周帝国 ////////
武王伐纣

四分五裂，穷途末路，伐商的时机已经成熟，遵照文王"时至而勿疑"的遗嘱，武王毅然决定举兵伐商，通告各个诸侯国进兵朝歌。

孟津会师，同仇敌忾

出征前夕，太史占了一卦，卦象大凶。百官看到这个不吉的兆头，不由面如土色。但武王伐商之心已定，他不信鬼神之说，仍旧命令姜

▲（西周）三角援无胡有穿戈
三角援戈长19.6厘米，援呈三角形，援部中有脊三道，无胡，有穿孔。一侧刃部残伤。

殷商溃乱，决意征伐

孟津观兵之后，武王一边严修武备，一边遣人去查探殷商的动静。通过探子的三次汇报，武王等人得知，殷商已是"谗恶进用，忠良远黜"：王子比干落得剖胸挖心的可悲下场；箕子装疯作傻，被罚为奴；微子感到前途无望，只好弃官出走，在外隐居；太师疵、少师强见纣王昏庸无道，执迷不悟，便怀抱着商朝的宗庙祭器夺路而逃；黎民百姓怨气冲天，敢怒而不敢言。

武王同姜尚认真剖析了时局，认为殷商已是

尚担任主帅，统帅着三百乘兵车，三千名虎贲，四万五千名甲士，声势浩大地东进讨商。大军渡过孟津以后，同反商的庸、卢、彭、濮、蜀、羌、微、髳等方国部落的部队进行了会合。其中，蜀位于今天的汉水流域，微在今天的渭水流域，髳在如今的山西平陆南面。武王面对苍天，同诸侯联军共同向天发誓道：

"啊！我们团结友爱的诸侯大军和文武百官们，请你们大家仔细听着誓言。

"世间万物的父与母分别是天与地，而人类则是万物之灵，最具灵性。只有聪慧守信的人，才能够做国家的君主，君主则应当爱民如子，宛

若百姓的父母。但是今天的商王作为一国之君，却并不敬奉上天，反而逆天行事，给黎民百姓带来重重灾难！他酒色无度，利令智昏，任意妄为地颁布残酷暴戾的律令；动辄给人扣上诛灭九族的罪行，从不任人唯贤，而是采用世袭的方式任用官员。他过分追求生活享受，修筑了美轮美奂的宫殿、亭榭、池塘，服饰豪华，生活糜烂，这些都给万民带来了沉重的负担；并且，他不断地陷害、焚烧忠良，即使孕妇也不能幸免于难，因为纣王连孕妇的肚子也要惨无人道地剖开。

"上天看到纣王荒淫无道、暴戾横行，不由狂怒至极，吩咐我的先父文王替天行道，讨伐殷商，只可惜先父染病逝世，留下了千秋大业待后人完成。小子姬发，曾经与众友邦的诸侯共同察看并致力于改善商朝的政治与经济。可是纣王却没有丝毫懊悔改过之心，依旧是自高自大、荒淫凶残。他不但不想侍奉上天，丢弃了祭拜上天的郊社之礼，还遗弃了祭祀祖先的宗庙之礼。敬奉给上天的牺牲、粢盛等祭物，均被这凶残的恶人坦然盗用，他还不以为意。

"不但如此，纣王还厚颜无耻地说：'我拥有万民，因为我是真命天子！'大家可以看到，他一点都没有悔过之心。我们深知，上天庇护天下的黎民百姓，并且帮助人民树立了君主来管理国家，帮助我们挑选了良师来教化百姓。既然如此，我们就要敬畏上天，以上天为荣，这样方能平定天下，使天下的诸侯前来依附。犯罪的就要惩戒，无辜的就要赦免，我们怎么敢违逆上天的意志呢？力量相同，我们就衡量道德；道德相同，我们就衡量正义。纣王有亿万臣民，但他们离心离德，可以说有亿万条心；我们虽然只有三千名臣民，但都齐心协力，因此只有一条心。

"商纣王已经恶贯满盈，罪行滔天，上天命令我替天行道，讨伐暴君。假若我违背了天意而

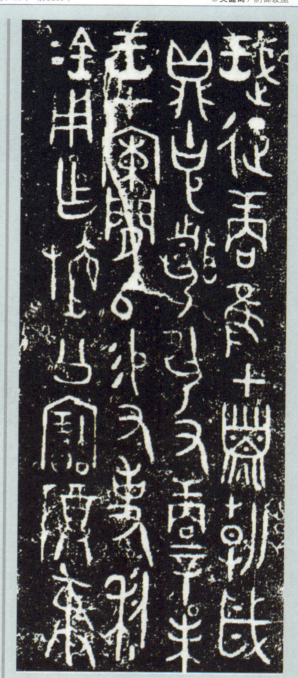

▲利簋铭文

利簋内底有三十二字铭文，记载周武王征商，在甲子日上午击败商王军队的史实。其内容与中国古代文献记载完全一致。

前1046年

〉〉〉武王下令释放被纣王囚禁的百姓，修整比干的坟墓，又散发财物和粮食赈济百姓。

不去诛灭他，那么我就和纣王一样也犯下了逆天大罪。小子我继承了先父文王没有完成的天命，夙兴夜寐，时刻怀着谦恭的心。如今我祷告上天，也祭祀祖宗在天之灵，希望保佑我们马到成功。接着我便要带领诸位去替天行道，诛灭无道昏君纣王。"

"上天怜惜芸芸众生，所以人民但凡有所求，总是能如愿以偿。我希望诸位全心全意地辅佐我讨伐昏君纣王，使四海升平，普天同庆，这是天赐良机，我们千万不要错过！"

其后，武王利用商朝分崩离析、百姓人心向周的有利条件，率领着本部族以及友邦的军队，从孟津急速地冒雨东行。周军来到汜地（今河南荥阳汜水），从那里渡过了滔滔黄河，向北日夜兼程，来到了百泉（今河南辉县西北），又转而向东进军，直逼朝歌。周军一路都没有遭到商朝大军的抵御和反抗，因此只用了六天的时间，便平安来到了牧野。

布阵牧野，庄严誓师

周军在商都的郊外牧野布好阵，并庄严地誓师，历史上称作"牧誓"。

周武王说道："啊！西方众位诸侯，随军的大臣、司徒、司马、司空、亚旅、师氏、千夫长、百夫长，还有庸、蜀、羌、髳、微、卢、彭、濮等地区的兵将们，请你们举起战戈，握紧手中的盾牌，高竖你们的矛枪，容许我再一次向诸位宣布我军的誓言。

"古人有句话说：'只有公鸡才会在早上啼叫，假若某一家的母鸡在清晨啼叫，这家人就会遭难，甚至家破人亡。'今天，纣王只听信妲己的逸言，昏庸无道，不但轻视'敬祀上帝的郊社之礼'及'祭拜祖先的宗庙之礼'，还公开践踏先王的遗训，遗弃父母亲友，置兄弟姐妹于不顾，反倒护佑那些从各地流窜来的罪犯，并且崇尚、尊敬、信

▲（西周）青铜胄

高28厘米，脊长18厘米，帽形，圆顶，素面无纹。胄又称盔，是作战时用以防护头部的防御器具。此青铜胄线条圆润柔和，造型简洁，为研究西周青铜兵器提供了重要的实物资料。

任、重用这些罪犯，委任他们为公卿大夫等高官。我们都已知晓，这些罪犯专爱用残酷无情的手段虐待百姓，并且在商朝的国内国外为非作歹。如今，我姬发就要带领你们大家去替天行道——毕恭毕敬地执行上天对商纣的惩罚。"

武王在誓师大会上一一列举了纣王的暴行，包括他昏庸暴虐、一味听从宠姬的谗言，不祭祀祖宗，招揽四面八方的犯人和逃亡的奴隶，恶贯满盈、欺压百姓等；武王鼓励众人要齐心协力灭商，要奋不顾身地勇往直前，成败在此一举，不推翻纣王的统治，决不班师回朝，从而激发了出征将士们同仇敌忾之心和顽强的拼搏精神。

然后，武王又庄严宣布了作战中的行动要求和军纪军法：每前进六步、七步，就要立定整队，用来保持队形的整齐；每击刺四五次或者六七次，也要立定整队，用来稳定阵脚。他严肃申明不许杀害降兵，以此瓦解商军的军心。

誓师以后，各个诸侯遣来作战的部队已经多达四千乘。武王和姜尚果断决定，将三军驻扎在距离朝歌仅有七十里的牧野这个地方，稍作休息和整顿，然后再一举攻克朝歌。

牧野决战，殷商灭亡

　　周军来犯的消息传到朝歌后，商朝内外万分惊慌。纣王非常无奈，仓促之下只好布置防御。他慌忙调集亲军、侍卫、服苦役的奴隶及那些助纣为虐的小诸侯国的军队，统共征集了七十万人，纣王亲自率领大军，在牧野的北面摆开阵形，要和周军决一雌雄。

　　纣王心想：自己的军马多达七十万，可是周军仅有五万人马，周军简直是不自量力，飞蛾扑火。但他哪里会想到，武王的部队都是训练有素的精锐之师，作战英勇，剽悍无比，而他虽有七十万大军，但大多数是仓促武装起来的奴隶和从东夷捕获的俘虏，他们平时就受尽纣王的剥削和酷虐，对纣王恨得咬牙切齿，所以没有人真正愿意为他效命。

　　休整后，武王发出号令，向商军发起总攻击。他先令"师尚父与百夫致师"，也就是让姜尚带领一部分精锐部队挑战商军，用来牵制敌方主力，迷惑敌人，并扰乱敌方的阵脚。商军的奴隶和战俘无心恋战，一心希望武王得胜，于是，他们纷纷倒戈，掉转矛头协助周军作战。武王乘机用"大卒冲驰帝纣师"，这里的"大卒"就是指主力。由于大队兵马英勇地冲锋陷阵，所以纣王率领的所谓七十万大军刹那间溃败。纣王看到已无力回天，便转身逃跑。姜尚于是指挥三军，乘胜紧追不

舍，一直追到了朝歌。

　　纣王荒淫无道，终于自取灭亡。他逃回商都朝歌后，感到大势已去，已无法力挽狂澜，便令人集中了宫里所有的奇珍异宝，全部搬到宫中的鹿台，然后在那里纵火自焚。

　　朝歌的百姓闻听纣王已经自尽，便排队欢迎周军入城。武王来到鹿台，对着纣王的尸体连发三箭，并且砍下了纣王和妲己的头颅，高高地悬挂在宫廷外的白旗下示众。纣王的两个宠臣恶来、费仲也遭到了斩首。一时间，武王肃清了群凶，大快人心。稍后，武王派兵奔赴各地，铲除了殷商的残余势力。

　　武王灭商的牧野之战是我国古代车战初期的著名战例，它结束了殷商王朝六百余年的统治，确立了周朝对中原地区的统治，开辟了西周空前繁荣的奴隶制文明，也深刻影响了后世的历史进程。而牧野之战反映出的韬略和作战艺术，对我国古代军事思想的发展做出了不可磨灭的贡献。

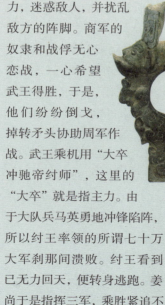

◀（西周）圉簋

西周初期，口径23.9厘米，通高30厘米，辽宁喀左小波汰沟村出土。此簋珍贵之处在其铭文，内底有十四字与北京琉璃河遗址出土的完全相同，是辽西首次出现的有周王和王都记载的铜器铭文。

◎看世界／亚述人打败加喜特人　　◎时间／约前1400年~前1300年　　◎关键词／向南推进

姜尚怀才不遇，大半生贫困潦倒，直到垂暮之年才受到文王、武王的重用，得以施展抱负，是非常典型的大器晚成型人才。他是我国古代一位影响深远的伟大的韬略家、军事家和政治家，曾先后助周文王倾商与周武王灭商，担任最高军事统帅，可以说是西周的开国功臣。他还亲手缔造了齐国，是齐文化的奠基人。他的功绩受到了后世的赞扬，儒、道、法、兵、纵横等各家都将姜尚奉为开山鼻祖，人们因此尊奉姜尚为"百家宗师"。

公元前1046年~公元前771年

//////////// 西周帝国 ////////////

韬略鼻祖姜太公

▲姜太公像

姜太公姓姜名望，字子牙，商朝末年人，他辅佐周文王与周武王兴周灭纣，建立西周，是一位影响深远的军事家与政治家。

出身贫寒，胸怀大志

姜尚，名望，字子牙，出生于东夷。相传，姜尚的祖上是贵族，在舜统治时期当官，因有功被封到吕（今河南南阳）这个地方，因此又称为吕氏，叫吕尚。后来家世败落，到姜尚出生时吕氏已沦落为贫民。

为了糊口，姜尚年轻时曾在商都朝歌（今河南淇县）宰牛卖肉，还到孟津（今河南孟津东北）当垆卖酒。他虽然贫困，但穷且益坚，一直都勤学不辍，孜孜不倦地钻研、探求兴国安邦之道，希望终有一天能施展抱负、建功立业。

当时，殷商大国日渐没落，由盛转衰。殷纣王荒淫无道，奢侈腐化，致使吏治腐败，经济萧条，社会黑暗，民怨沸腾。而西部的周国因为西伯昌励精图治，施以仁政，大力发展经济，实行勤俭建国和裕民的政策，遂至人心稳定，政治清明，

国力日渐强盛，四方的诸侯闻风归顺。姜尚胸怀大志，学富五车，有经天纬地之才，他听说周文王求贤若渴，广纳贤才，便果断地离开无法施展抱负的商朝，来到渭水之畔的西周境内，在磻溪隐居，终日垂钓，冷眼旁观世事变幻，伺机出山。

姜尚钓鱼，愿者上钩

一天夜间，西伯昌梦见一只飞熊迎面扑来，醒来后觉得这是个吉梦，便乘坐马车，带领护卫出了宫。名义上，他是为了狩猎出行，实际是为了求贤，寻觅将才。他们在渭水河边看到一个白发苍苍的老者，大约七八十岁，正端坐河边垂钓。老人对路过的车马护卫视而不见，全神贯注地坐着钓鱼，同时喃喃自语。

西伯昌非常讶异，便走下马车，来到老人身旁。他仔细一听，更是奇怪，老人念念有词："上钩哇！上钩哇！愿意来者快上钩。"西伯昌再看向河中，发现老人的鱼钩是直的，光秃秃的也没有鱼饵，而且远离水面。西伯昌感觉这老者不是凡人，便和他攀谈起来，才知道这老者叫姜尚。

西伯昌发现姜尚满腹经纶，谈吐不俗，天文地理、时事政治、兵法谋略无所不通，无所不晓，简直是个奇才。西伯昌虚心向姜尚请教兴国安邦之道，姜尚马上提出了"三常"之说："一曰君以举贤为常，二曰官以任贤为常，三曰士以敬贤为常。"大意是说，要兴国安邦，必须以人为本，靠

人才兴国，发现人才，尊重人才，任人唯贤。西伯昌听后非常欣喜，喜出望外地说："我祖父生前曾对我说：'有朝一日，肯定会有个旷世奇才助你完成大业。'您便是我祖父所说的、我一直在期盼遇到的那个奇才呀！"说完就邀请姜尚同他一块乘车回宫，谋划治国兴邦的千秋大业。由于姜尚是古公亶父早就占卜出了的奇才，因此被大家尊称为"姜太公"。

姜尚是个杰出的军事家。为了兴周灭商，他不负厚望，制定了一系列优秀的内政外交方案：对内，推行轻徭薄赋等一系列经济政策，农民帮助耕种公田，缴纳九分之一的赋税，八家各分私田百亩，大小官吏都分有土地，并可传给子孙，当作俸禄，这些政策都极大地促进了生产发展，奠定了伐商的经济基础；对外，姜尚实行韬光养晦的策略，表面上事商甚恭，用来打消纣王的戒心，暗地里却招揽邻国，慢慢笼络、瓦解商朝的盟邦，以剪除商朝的羽翼，使商朝陷入孤立无援的困境。在姜尚的精心谋划下，愈来愈多的诸侯国和部落前来归顺周朝，周文王渐渐占领了殷商王朝的大多数领地，开创了"天下三分，其二归周"的局面，给最后消灭殷商完成统一大业创造了良好条件。

遗憾的是，周文王在伐商前夕不幸染病，还没来得及大展宏图便去世了。

辅佐明主，完成伟业

西伯昌去世后，他的儿子姬发继位，也就是历史上的周武王。姬发为了兴周灭商不懈努力，将姜尚拜为国师，并尊称其为师尚父。姜尚也初衷不改，照旧尽心辅佐周朝。

有一天，武王姬发请教姜尚："我想要减轻刑罚却不坠我的威望，少施赏赐但又使人们从善，少颁布一些律令但又使民众自觉履行。请师尚父告诉我，如何能实现这些呢？"姜尚说："假若你杀了一个人能震慑一千个人，使他们不敢犯罪，杀两个人能震慑一万个人，杀三个人则能使三军军威大振，那么你便杀了他们；如果你赏赐了一个人而使一千个人满意，赏了两个人而使一万个人高兴，赏三个人而使三军上下振奋，那么你便赏赐他们；如果你能通过律令约束一个人，从而使一千人守法，那么你就用律令约束他；如果你能通过禁止两个人犯错而使一万个人都不敢犯错，那么你就禁止；如果你能通过教育三个人而使三军上下皆受教育，那么你就去教育。总之，能够杀一而儆万，赏赐一个人而激励更多的人，这才是圣君的权威所在呀！"武王姬发听后，如醍醐灌顶，他遵照姜尚所说的去做，不管惩罚还是奖赏，时刻都小心谨慎，力求令出如山。这样，周朝更加繁荣昌盛，叛离商朝归依周朝的人愈来愈

◀姜太公钓鱼台

姜太公钓鱼台即磻溪河钓鱼台，它位于陕西宝鸡磻溪河畔伐鱼堡南，相传为当年姜太公垂钓处。

前1040年

◎看世界／亚述兴起高利贷之风　　　　◎时间／约前1400年～前1000年　　　　◎关键词／阶级分化

▲（西周）夔龙纹铜鬲

高18厘米，口径18厘米。圆口，折沿，束颈，圆肩，直腹，连裆，下接三条兽蹄形足。腹部饰夔龙纹，与器足相对应处有三道扉棱。

多，兴兵伐纣的日子翘首可待。

此时周朝已经羽翼丰满，国力强盛，而商朝则如日落西山，已是穷途末路。姜尚衡量局势，认为灭商时机已到，便亲自担任主帅，率领三军，以吊民伐罪为口号，联系各个诸侯国共同进军商都。双方在牧野进行决战，结果商兵大败，商纣王被迫在鹿台燃火自焚。至此，殷商王朝的历史画上了句号，姜尚最终完成了扶周灭商的大业。

韬略始祖，千古武圣

后人将姜尚尊为中国的谋略始祖、千古武圣。姜尚武功文治，理民化俗的论点、对策和方法都对后世影响深远。他并非片面地就军事论军事，而是从哲学的高度，以政治家的眼光，将政治

与军事、治国与治军有机地结合成一个整体进行阐述，从而使他的军事策略、谋略相当周到、深邃、精辟。因此，司马迁评价说："后世之言兵及周之阴权皆宗太公为本谋。"

《六韬》集中体现了姜尚的军事思想。《六韬·文韬·文师》说道："天下非一人之天下，乃天下人之天下也。同天下之利者则得天下。"这就是姜尚在"阴谋修德以倾商政"的过程中兴周灭商的最核心、最基本的思想。《六韬》立足于这种观点，强调君主要推行仁政，泽被苍生，切忌虐民、耗民，更不要为了一己之私而危害百姓，只有如此方能使万邦来朝，得万民拥护，也就是"敬其众，合其亲。敬其众则合，合其亲则喜，是谓仁义之纪。无使人夺汝威，因其明，顺其常。顺者任之以德，逆者绝之以力。敬之无疑，天下和服"。姜尚深谙"民为邦本，民固国兴"的道理，认为有了老百姓才有国家，如果没有了老百姓，国家也无从谈起。所以，他大力宣传顺从民意、廉政养民的民本思想。

在《六韬》中，姜尚注重人才、尊重人才、选拔人才、推举人才的圣贤治国论及其思想观点集中反映于《上贤》《举贤》两篇文章中。在姜尚看来，一个国君要治理好国家，必须尊重人才，任人唯贤，摒弃庸才；亲贤臣，远小人；切忌奢侈腐化，暴虐荒淫。所以，一代圣君在任用人才时要戒备六种坏事、七种坏人。六种坏事为害甚巨，分别是："伤王之德""伤王之化""伤王之权""伤王之威""伤功劳之臣""伤庶人之业"。七种坏人万万不可信任重用，也就是"勿使为将""勿与谋""勿近""勿宠""勿使""禁之""止之"。这样，便堵死了奸邪之人为非作歹、祸国殃民的路径。

姜尚高瞻远瞩，力主发展经济，以图国富民强，这一思想观点既周到又精辟，且含义深刻。《六韬·文韬·六守》记载说：人君有六守三宝。

六守：仁、义、忠、信、勇、谋。三宝：大农、大工、大商。姜尚在"三宝并重""本末并利""上下俱足"的基础上，还提出了独到的货币政策，以保障钱货正常流通、赋税照常缴纳，更有利于发展经济、繁荣市场。姜尚开源节流的经济与货币政策，的确是发展国家经济的妙计。"三宝"思想不单单是周朝发展经济的基本国策，也是齐国的国策，给齐国的繁盛打下了基础。姜尚发展经济的思想历久不衰，绵延、通用至今。《武经七书》是中国古代杰出的军事巨著，《六韬》在宋代被列入《武经七书》，成为武学教材，是武将们必须研读的兵书。两千多年来，从先秦至今，人们对待《六韬》就像对待其他"武经"一样，不断地去注释、讲析、校对、发扬，以求挖掘其深奥的内涵，吸收其思想精粹，这种传统历久弥坚，至今更盛，充分体现了《六韬》不朽的思想价值和旺盛的生命力。

姜尚一生充满了传奇色彩。他在军事、政治、经济等领域均有建树，贡献突出。姜尚不但是一位足智多谋的历史人物，还是一个光辉的文艺形象，更是一尊位列众神之首的神主。姜尚被演绎成宗教的神仙，他是武神、智神，更被后人奉为"太公在此，百无禁忌"的庇护神。

▶（西周）青铜铙

通高57.5厘米，通体饰以云雷纹，与同时期的印纹陶纹十分相似，具有浓郁的地方特色。

〉〉〉周成王在洛邑举行了隆重的冬祭活动，公布了让周公掌管洛邑的决定。史官将这一事件编成《洛诰》，诏告四方。

◎看世界／阿蒙霍特普四世统治埃及　　　◎时间／约前1378年~前1362年　　　◎关键词／宗教改革

公元前1046年~公元前771年
//////////////////西周帝国//////////////////
周公吐哺辅政

周公，姓姬名旦，亦称叔旦，周文王的第四个儿子，周武王之弟，因封地在周（今陕西岐山北），故称周公或周公旦。他曾两次辅佐周武王向东伐商，后又殚精竭虑辅佐周成王治理周朝，还制作礼乐，使周国政治清明，是西周初期杰出的政治家、军事家、思想家、教育家和儒学先驱，被后代从政者当作楷模，也是以孔子为代表的儒家学派最为尊崇的古代圣人之一，被尊为"元圣"。儒家将周公的风格人品当成至高无上的人格楷模，并认为周初实行的仁政就是他们梦寐以求的政治目标。孔子毕生所极力提倡的就是周礼。

武王病重，甘愿以身替死

开国之君经常殚精竭虑，患得患失，他既不忘祖祖辈辈创业的艰难和辛酸，也要密切注意反对派的一举一动，防备遗民的复辟图谋，保卫自己辛苦打下的江山，还想使帝座稳固，传至子子孙孙。武王亦这样，他夙兴夜寐，彻夜难眠。

因为寝食难安，武王积劳成疾，健康状况愈来愈差，在统一天下的次年便染病在身，而且逐渐恶化，病入膏肓。武王思来想去，觉得自己大限已至，但是儿子年幼无知，很难担起治理国家的大任。为了大周的江山社稷，他想到了德高望重的弟弟周公旦，打算让他继位。周公闻悉后感动万分，他一边婉言谢绝，一边同召公、姜太公占卜吉凶。

要想占卜吉凶，必须在祖庙卜卦，周公说道："还是在祭祀之前预先打动先王。"于是，周公命人修建了三座祭坛，用来祭奠太王古公亶父、王季和文王。供奉好这三位先祖的灵位，周公便携带玉璧和玉圭，真挚而诚恳地向三位先祖祷告："您们的嫡亲子孙姬发，由于日理万机，身患恶疾，如果是由于三位先祖犯下逆天的罪行，需要有一个后世子孙来承受报应，那么，请让我姬旦替代姬发，让这报应落到我身上吧！我姬旦文武双全，才艺俱佳，机灵敏捷，最适宜伺候鬼神。而武王姬发比不上我心灵手巧，侍奉鬼神不太相宜。假若你们听到我的祷告，能够庇护姬发病愈，天下人就会恭敬有加，先祖的灵魂也会由于国泰民安而有所归附，长期享受供奉。现在，我准备用神龟的龟甲来占卜吉凶，倘若你们实现我所祷告的，我便恭敬地献出玉璧和玉圭，否则，我便会将玉璧和玉圭击碎。"

周公祷告完毕，史策便接着祈祷，恳求让周公替武王生病，此后，他们在三王的灵位前占卜，结果得了上卦，卦象大吉。因此，周公兴奋地拜见武王，祝贺他得此吉兆，并且把自己祈祷以己之身替代武王遭罪的竹简藏在一个木匣里，然后用金

▼岐山周公庙
位于陕西岐山县城西北的凤凰山南麓，始建于唐武德元年（618），距今已1300多年，是专门为祭祀周公而建的。

丝带捆好，并训诫看管匣子的人说，千万要保守好秘密。

周公于武王病危之时，以天下大局为重，向三位先王虔诚地祷告，愿以身代替武王受难的高尚情操，的确弥足珍贵。

握发吐哺，鞠躬尽瘁

尽管周公虔诚地向先祖祈祷，想代替武王承受苦难，但是天命难违，周公还是未能留住武王的性命，这位一举灭商建立西周的君主还是与世长辞了。武王英年早逝，此时其长子诵年仅十三岁，还是个幼稚的孩童。在周公、太公、召公等众臣的拥戴之下，姬诵继承了王位，即历史上的周成王。

周朝灭商后新建的天下，表面看来风平浪静，但事实上激流暗涌，国家并不太平，商朝的残余势力仍在摩拳擦掌，伺机反扑。另有许多商朝遗民或明或暗地反抗新政权，比如说德才兼备的伯夷与叔齐，他们就义不食周粟，这样的遗民尚有很多，更何况纣王的儿子武庚还在，随时都可以振臂一呼，说不定就应者如云。

在这种复杂的局势下，武王英年早逝，就必须推出一位德高望重、地位显赫的人来摄政。而周公身为武王的弟弟、佐政的公爵，水到渠成地成为周朝政权的核心人物。周公看到成王年幼无知，不能担当起治国重任，也不能控制复杂险恶的局势，为周朝基业着想，果断决定由自己出面代替成王摄政，处理国家事务。

在招揽人才、用人唯贤方面，周公被历代从政者当成学习的榜样。周公担心会错过世间的贤者，即便在沐浴之际，但凡有人前来谒见，阐述治国方案，他都会握着湿漉漉的头发及时出来接待；就是吃一顿饭，也会多次吐出来不及咽下的饭菜，急不可待地去接见贤者。这即是"一沐三握发，一饭三吐哺"的来源。后世曹操《短歌行》中的诗句"周公吐哺，天下归心"，就是运用了这个典故。

归政成王，谨守臣道

周公主政七年时，成王已经成年，所以周公将政权还给成王，自己则重回大臣的旧位，恭顺地谨守臣下的礼节。当然，周公并未由于归政

◀（西周）佣祖丁鼎
旧名"子荷贝祖丁鼎"，原藏清宫养心殿，现藏台北故宫博物院。高85.5厘米，口径59.4厘米，重94.65千克。器形庄重雄伟，立雕兽面纹，气势磅礴。内壁铸铭文3字，铭文首字"佣"代表做器者的家族徽号，后两字表示受祭者为其祖父"丁"。

前1037年

◎看世界／埃及取缔阿蒙神的地位　　　　◎时间／约前1378年~前1362年　　　　◎关键词／崇拜阿吞神

思文后稷　配彼天立我烝民莫匪尔极胎 我来年帝命率育无此疆尔界 陈常于时夏
思文

▲《诗·周颂·思文》

《思文》是诗经中收录的西周早期的作品，篇幅短小精悍，表达了对周公政治清明的颂扬。

而撒手不理政务，这一方面是因为成王对他殷殷相留，另一方面更是因为周公始终不忘自身的职责，仍旧不断地向周成王上书进献忠言，教导周成王要广纳贤才，从谏如流，时时事事以国家、百姓为重，切忌好逸恶劳，虚掷韶华，荒废政务。

周公的谏书中，最负盛名的是《尚书·无逸》。周公在开篇讲道，知晓农业生产的艰辛，才会明白农民遭受的苦楚。父母勤恳耕作，但他们的儿女却不知稼穑之艰，于是过着悠闲舒服的生活以至不务正业，甚而看不起父母，出言不逊："老年人没有一点见识！"在当时看来，这种话纯属不孝，是大逆不道的。

周公在《康诰》中说，要惩戒那些不孝不友的人。作为一国之君，要及时体恤人民，否则就会高高在上，行事怪诞不经。其后周公列举了殷代的贤君中宗太戊、高宗武丁、商汤之孙祖甲，他们要么不怒而威，严于律己，"不敢荒宁"，要么为人民做实事，使百姓得到实惠，鳏寡皆得到尊敬，因此，他们在位时国家长治久安。接下来的殷王，一出娘胎就养尊处优，不明白从事农业生产的辛

苦，一味好逸恶劳，骄奢淫逸，所以他不能长期安居君位。然后，周公又继续举例，他说周的太王、王季都谦恭勤谨，周公还特意提及文王，说文王衣着朴素，勤俭节约，他亲自参加田间耕作，能够"怀保小民，惠鲜鳏寡"，有时候已经过了正午，他这一天还没有吃过饭，这是因为他一直心系百姓。文王不敢沉醉于声色犬马，也不敢安逸享乐，从不向百姓求索额外的东西，因此，他也长期在位。周公劝诫成王说，切忌沉湎"于观、于逸、于游、于田（田猎）"，也不能纵容自己"现在先姑且享乐，就一会儿"，切忌如纣王般沉迷于酒色。倘若不肯遵从，便会弄乱先王公正的法律，遭到老百姓的咒骂憎恨。假若有人前来说，"小人在恨你、骂你"，你就要有知错就改的勇气，深刻反省自己，务必心平气和，切忌雷霆震怒，草菅人命，滥施刑罚。否则，你就会引起万民公愤，落得悲惨的结局。

周公劝诫的文章一部分存留于《史记》，在历代宰相劝谏君主的忠言中，周公的这些谏言是现存史料中最早的，也是最完整的。他的思想观点对后代的帝王将相都有着深刻影响，对后世文人墨客修身养性也有深远的影响，是非常难得的佳作。这些文章还体现了《大学》之道，真诚方能修身，修身方能齐家，齐家方能治国。总之，在周公的谏言中可以发现传统儒家思想的根源。

我们通过周公用心血写就的诸多重要文献，可以窥见周公脚踏实地的敬业精神，同时，还可以一瞻他襟怀宽广的政治家风范。经过周公的悉心辅佐，周成王取得了突出的政绩。在中国的历史上，为了争夺皇位，屡次上演子弑父、父杀子的血腥场面，而周公却以他宽广的胸襟和高深的睿智辅佐侄子姬诵。新王朝刚步入正轨，他又将国家大权慷慨地归还。

圣人做宰，遗风万古

周公还政三年后，便在丰京颐养天年，没过多久就患了重病。他临终时说："我去世后，请将我葬于成周，向上天表白我不敢远离成王的心迹。"这是周公临终的心愿，他一生为周朝呕心沥血，鞠躬尽瘁，到死仍心系周朝。周公赤胆忠心，毕生勤勉谨慎，兢兢业业，不愧为后世宰相的楷模。

但周成王深

知周公劳苦功高，既是开国元勋，又是自己的叔叔，岂能让他给自己陪葬呢？因此，他下令将周公厚葬于毕，让他给文王陪葬。由于周公是文王之子、武王之弟，成王将周公葬于文王墓侧，就是想说明，成王从未将周公看作大臣。这算是君王对待臣下的至高礼节了。

周公姬旦不仅追随文王南征北战，打下了周朝的基础，而且还协助武王推翻了商朝的统治，建立了西周王朝，又将幼年的周成王培育成才，并使新建的周王朝统治趋于稳定。他主政七年，可谓显赫一时，并且一等到成王成年，周公就无私地还政于成王。在成王面前，周公从不摆谱，也不以叔叔、老臣、功臣自居，而是"北面就臣位，躬躬如畏然"，和其他的大臣一样，谦恭谨慎，勤勉自律，"如临深渊，如履薄冰"，这便是老子所称道的"圣人后其身而身先"。所以周公的贤德历百世而不衰。

周公不但是一位卓越的政治家，而且还是中国文化杰出的始祖。在中国的历史长河中，周公的人品、睿智与涵养举世无匹，旷古未有。

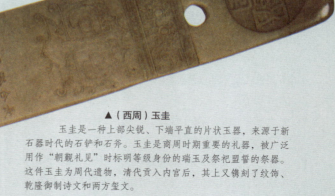

▲（西周）玉圭

玉圭是一种上部尖锐、下端平直的片状玉器，来源于新石器时代的石铲和石斧。玉圭是商周时期重要的礼器，被广泛用作"朝觐礼见"时标明等级身份的瑞玉及祭祀盟誓的祭器。这件玉圭为周代遗物，清代贡入内宫后，其上又镌刻了纹饰、乾隆御制诗文和两方玺文。

〉〉〉周厉王亲征淮夷，将其彻底击败，夺回了被淮夷掳去的周民四百人。

周厉王（？~前828），即姬胡，周朝的第十代国君。他在位期间，用高压政策统治人民，实行"历始革典"，强行剥夺了一些贵族的权力，同时实行"专利"，将社会财富和资源垄断起来，横征暴敛，加重了对劳动人民的剥削。由于他好大喜功，致使民怨沸腾，吏治腐败，国家分崩离析，最终引起了国人暴动，给周朝带来了弥天大祸。据《史记·周本纪》记载，周厉王"暴虐侈傲"。这固然是农民起义的首要原因，但追根溯源，新的社会阶级的崛起才是根本原因。

公元前1046年~公元前771年

/////////西周帝国/////////

周厉王止谤

暴戾狂妄，强行削藩

周厉王在位时，周国的社会矛盾错综复杂，日趋激化。在《史记》中，司马迁认为周朝的首位

暴君当数周厉王，厉王与夏桀、商纣不分伯仲。而且周厉王死后谥号为"厉"，"厉"即滥杀之意，周厉王口碑之不佳由此可见一斑。

周厉王生性暴戾。在他看来，父亲周夷王过于仁慈，对诸侯大夫宽厚纵容，导致王室的号召力一天不如一天，再加上西周一直大动干戈征伐周围的少数民族，天长日久，国势日益没落，国库也逐渐空虚，所以周厉王决定刷新政治，革除弊端，在国内推行新政，以达到增强国力、维护周朝统治的目的，此即历史上的"历始革典"。

在政治领域，他致力于"削藩"，也就是削减诸侯的力量，尤其是那些实力雄厚的诸侯。史学

▼（西周）玉鸬鹚

玉鸬鹚长5.1厘米，高3.6厘米，厚0.6厘米，济南济阳刘台子村出土。鸬鹚即鱼鹰，为捕鱼能手。

家鉴定认为，《周礼》记载了周厉王改革的计划，其中有这样一段原话："凡邦国千里：封公以方五百里，则四公；方四百里，则六侯；方三百里，则十一伯；方二百里，则二十五子；方百里，则百男。以周知天下。"当时，周天子按诸侯爵位的高低来分封给他们领土，爵位越高，领土越多，诸侯的爵位由高到低分别是公爵、侯爵、伯爵、子爵、男爵。所以这段话大致是说，凡是方圆千里的邦国，若封给占地五百里的公爵，则可分为四个公爵国；若封给占地四百里的侯爵，则是六个侯爵国；依此类推，也能分成十一个伯爵国、二十五个子爵国、一百个男爵国。不难想象，实力极其雄厚的诸侯国绝不愿意领土被分割，他们必然会义愤填膺，奋起抵抗了！

除此之外，为了监管各地方的政事，厉王还想任命一些叫作"牧"的钦差大臣，把他们派往各个诸侯国。诸侯们一贯无拘无束，都不愿受到管制和约束，因此也是百般阻挠，对周厉王也深恶痛绝。

国君暴戾，止谤于民

周厉王不但颁布了凌厉甚至残酷的新政来钳制各诸侯国，而且还牢牢控制了江河湖泊、山丘原野、树木森林等自然资源，并美其名曰"专利"。他严格禁止人民使用这些自然资源，人们但凡进山采药、砍柴伐木、捕鱼捉虾、狩猎禽兽，甚至是饮水、行路等，一律都要缴纳赋税钱财。

当时，人们称居住在城市里的老百姓为"国人"，居住在乡野的农民为"野人"。在周都镐京居住的国人非常不满周厉王的暴政，他们牢骚满

腹，有的说，山川树木是老天赏赐给所有人的，目的就是让老百姓生存，现在却一律收税，不是断人生路吗？有的说，自从盘古开天辟地以来，有哪位国君如此贪婪，不体恤人民呢？

上卿召穆公见民怨沸腾，便多次向周厉王进谏："倘若不废止专利法，则会引起社会动荡。此外，大王的赋税名目繁多，老百姓苦不堪言，现在已是怨声载道，只怕要激起民愤了！"但是周厉王却不以为然，他说："这点小事算什么？我自有对策。"于是，周厉王颁布了一项圣旨，严禁国人谈论国事。他还派遣了大批暗探出去，让他们监视人民，一旦碰到非议"专利"、乱发牢骚的人，就格杀勿论。

〉〉〉周厉王逃到彘后，成周无主，周定公和召穆公一起主持国政，史称"共和行政"。

一时间，周朝内外人心惶惶，人们抑制住愤怒，把所有不满都咽到肚里，再不敢谈论国事了。人们在路上遇到街坊、邻居及亲戚，也是噤若寒蝉，仅仅侧目而视，连嘘寒问暖的话都不敢说，恐怕祸从口出。

堵众人口，国人暴动

如此苛政之下，人们三缄其口，自是无人再非议朝政了，周厉王听说后便自鸣得意起来，他对召穆公说："看看，想禁止流言也不难嘛！如今，再没人敢议论寡人了。"

召穆公说："这种方法并非长远之计，只是暂时达到了目的。您不许人民发表自己的看法和见解，就宛如截住江河的水不许它流动，河水被截住后，水位会越来越高，到一定程度，便会决堤，暴发洪水，这样会带来更严重的灾害。民怨就如水，不能强行堵住，而只能引导。因此，您作为国君，不该禁止国人直抒胸臆，发表所思所想。

"古代的国君治理天下，命令公卿列士进献诗篇，瞽官进献民间的歌谣，史官进献记述古代帝王事情的

▲（西周）銎内铜戈

长24厘米。尖锋，宽援，援后部外侈，中间有脊，剖面为扁菱形，无胡，无栏，椭圆形内，后面扁平，上饰四道凸棱。

文章，师官诵读格言，瞍官朗诵，矇官诵读，乐工们劝谏。黎民百姓就是通过各种各样的方式，才将自己的看法和观点或明或暗地告诉给国君，国君的心腹大臣及众臣皆会向国君劝谏，王室成员和同族的臣民则会想办法发现并减小国君的过错。瞽官、史官分别通过音乐和历史劝谕天子，年迈的老师也常常告诫、劝说国君，然后国君权衡利弊，并身体力行。如此一来，国君方能避免过错。

"人既然生了嘴，就要说话，这是自然规律。给人们言论自由，让他们直抒胸臆，才能知道国家的大政方针是对还是错。政策受到人们的认可，便去推行；政策受到大家的非议，便认真反省。人们自由发表心中的看法，如果是他们认为不错的政策便要执行。您采用堵的办法，禁止老百姓发表言论，这如何行得通呢？人们关心一些问题才会去说，对某些问题想明白后，有自己的独到看法也会去说，你却不让他们说，民意真的能禁止吗？老百姓的嘴纵然能堵得了一时，可是堵不了一世呀！再说，你不许他们说话，又如何能做到集思广益呢？"

这便是"防民之口，甚于防川"的来历。可是周厉王将召穆公的话当作耳旁风，依旧一意孤行地贯彻他的改革方针。新政策的颁行还给众多的下层贵族带来了利益损失，引起了他们的强烈抵

◀（西周）虎尊

长35厘米，高21.8厘米，整个器身圆雕虎形，虎首微昂，双目圆睁，口内有獠牙利齿，四肢直立，短尾上卷。脊背上有盖，盖顶的鸟形钮与虎背连为一体。此器造型奇特，优美端庄。

制。周厉王对所有的反对与抵抗，一律采取高压手段强行镇压。

人们忍耐了三年，到公元前841年再也无法忍耐了，千千万万的奴隶与农民在某些贵族的默许和鼓励下联起手来，爆发了大规模的起义。这些备受欺凌的人们杀气腾腾地冲向皇宫，准备除掉周厉王。厉王闻听此事，惊恐万分，面如土色。皇宫的护卫早就对厉王恨之入骨，他们乘机作鸟兽散，再也不管厉王的死活。厉王无奈之下，只得和数名近臣在夜色的掩护下仓皇而逃。他们一口气逃到了彘邑（今山西霍州），总算是躲过了一劫。这便是历史上著名的"国人暴动"。

共和行政，开始纪年

国人起义时，杀气腾腾的人们闯进皇宫后，厉王早就逃了。人们不肯罢休，听说太子静在召穆公府中避祸，便将召穆公的府邸围得水泄不通，逼迫他献出太子静。召穆公无计可施，只好交出了自己的儿子，谎称是太子静，人们不辨真

▼（西周）夔龙纹铜盘

高14厘米，口径37.5厘米。圆敞口，厚沿，直浅腹，圈底中间渐平，下接圈足。腹部两侧有一对长方形附耳，下腹部有一圈凸棱。腹部和圈足均饰夔龙纹。造型古朴浑厚，风格沉稳庄重。

◀（西周）宗周钟

西周著名青铜器，连甬通高65.6厘米。宗周钟外形上最大的特征，是钟身两面共装饰36枚高突的长形乳丁，华丽醒目。钟上有铭文122字，记述周厉王派兵战胜南方服子后，服子及南夷、东夷等26邦来朝之事，是研究宗周和少数民族关系的重要史料。

假，顿时打死了假太子。

周厉王逃之夭夭，"太子"也已毙命，但是国不可一日无君，贵族们纷纷推荐周定公和召穆公一起主持国政，如有重大事项则交由六卿一起商议，人们称这种政治体制为"共和"。不过，有的历史学家认为，共国的国君共伯和代替周天子掌管王权，所以这段历史才被叫作"周召共和"，又叫"共和行政"。

人们将公元前841年叫作共和元年，就是从这一年开始，中国历史才有了确切的纪年。从此，历代史官都着手整理编年史，他们记录得非常详尽真实，一直持续到今天，使后人比较清楚地了解了中国的历史脉络。所以，发生于西周的共和行政，不但是当时石破天惊的国家大事，而且在中国漫长的历史上也非同小可，影响至今。

共和十四年，周厉王殁于彘邑。于是，召穆公将太子静仍活在人世的消息告知天下。在周定公和召穆公等大臣的努力下，各国诸侯终于同意太子静即位。

太子静登上天子宝座后，被称作周宣王。周宣王见国家日益衰败，便决定振兴周朝。他励精图治，又有召公虎等大臣的精心辅助，使周朝达到"中兴"。可是周朝经历了国人暴动，早已元气大伤，再也不能达到真正的繁荣昌盛了。

〉〉〉周宣王讨伐申戎，得胜而回。

进入西周中期后，周王室权势渐衰，共、懿、孝、夷四王都是谨小慎微之辈，在政治上毫无作为。与此同时，西北地区的戎狄正日益强大，尤其是犬戎，不断对周朝施加压力，入境滋扰。宣王中兴时期，周宣王曾命尹吉甫、南仲等人成功讨伐过犬戎，可是宣王暮年时，逐渐荒淫堕落，粗暴干涉各诸侯国的内政，导致怨声载道。戎狄等族又重新来犯。到周幽王时，西周气数已尽。史书说周幽王"性暴戾，少思维，耽声色"。他极其迷恋褒姒，为博得佳人一笑而烽火戏诸侯，终致延续了近三百年的西周结束。

公元前1046年～公元前771年
/////////////////////西周帝国/////////////////////
周幽王烽火戏诸侯

昏君即位，沉湎于酒色

周宣王驾崩，其子宫涅继位，这便是周幽王。周幽王更加昏聩，腐化堕落，终日沉湎于酒色之中，好几个月不问政事。周朝的局势愈发动荡不安，种种社会冲突持续不断，矛盾重重，另外地震、旱灾等还频频发生。周幽王残酷地剥削和压迫人民，并且任命虢石父掌管国家大事。虢石父贪赃枉法，阿谀奉承，导致国人民怨沸腾。西周衰败后，四周的各个少数民族不停地前来进犯。

周朝诸侯国褒国的国君实在

看不过周幽王的荒淫无道，便出面规劝。岂料周幽王不但不领情，反倒恼羞成怒，囚禁了褒国国君。褒国人千方百计地营救国君，他们闻悉周幽王正到处选美，便寻遍乡下，买到一个国色天香的佳人，教给她各种宫廷礼仪及歌舞，然后将她打扮得花枝招展，又给她起了个新名叫褒姒，进献给了周幽王，想以此来换取褒国国君的自由。

周幽王见到艳如桃李、冷若冰霜的褒姒，惊为天人，马上恢复了褒国国君的自由。周幽王极其迷恋褒姒，对她有求必应。可是褒姒本就少言寡语，被献入宫中后又昼夜牵挂父母、怀念故土，所以终日保持沉默，更未展露欢颜。

周幽王为了让褒姒开心，便赐给她无数的奇珍异宝，绞尽脑汁地逗她高兴，但是褒姒不为所动，依旧闷闷不乐。周幽王无计可施了，就发布了一道告示：无论是谁，只要能令褒姒展露欢颜，便赏金千两。

▶（西周）龟纹铜簋

簋在祭祀或宴飨时，与鼎配合使用，西周时各阶层用簋的数量也有规定：天子用九鼎八簋，诸侯七鼎六簋，大夫五鼎四簋，士三鼎二簋。此簋高10厘米，口径18厘米，底内有龟形图案，为同类器物中所少见。

◎看世界／以色列王国分裂　　　　◎时间／前928年　　　　◎关键词／以色列王国 犹大王国

▲（西周）青铜人头戟

甘肃灵台白草坡出土。通长23.2厘米，戟端为人头像，深目长颌，拖发卷须，脸颊上有火焰形文身，可能为鬼方、猃狁等族人的形象。用异族首级悬于兵器顶端，有炫示威武之意。

宠爱褒姒，烽火戏诸侯

为预防犬戎的侵犯，周朝在骊山等地修筑了二十多座烽火台，每隔几里就有一座。假若犬戎前来进犯，守护第一道关口的士兵就会点燃烽火，第二道关口的士兵看到后，也会点燃烽火，依次相传，附近的诸侯一看到烽火，便会率军前来援救。

虢石父一贯善于溜须拍马，他给周幽王献计说："如今四海升平，周朝的烽火台也形同虚设，大王和娘娘不如去骊山散散心，等到夜晚，我们就点燃烽火，令附近的诸侯率兵赶来，娘娘若看到如此多的人马上当受骗，一定会感到滑稽有趣，从而开心一笑。"周幽王认为这是个好主意，便兴奋地说："妙哉妙哉！爱卿就精心筹备吧。"

周幽王陪着褒姒前呼后拥地来到骊山。在烽火台顶，周幽王吩咐士兵燃起烽火，霎时火光冲天。附近的诸侯看到烽火，便率军连夜赶到骊山，准备救援。岂料寻遍骊山，也没看到犬戎的影踪，但闻山上鼓乐喧天，众人都不明所以，此时周幽王遣人说道："大家辛苦了，原本就没有险情，只不过大王在取悦王妃，点烽火开心呢，你们返回去吧。"诸侯们听了这番话，方明白自己被耍

了，无不怒发冲冠，带着一肚子气走了。

褒姒也莫名其妙，她看到骊山下面风风火火地赶来许多兵马，过了不久又闹嚷嚷地离开了，便询问周幽王发生了什么事，周幽王说与她听，褒姒感到有趣，不由莞尔一笑说："这种办法倒很有意思，你们也能想得出。"周幽王看到褒姒总算是一展欢颜，当下欣喜万分，重赏虢石父。

失信天下，身死国亡

周幽王太迷恋褒姒了，很快就废了王后和太子宜臼，立褒姒为王后，立褒姒生的皇子伯服为太子。原王后的父亲申侯听说女儿和外孙被废，又是气愤，又是恼火，觉得周幽王也会拿他开刀，便联合了犬戎攻打镐京。

周幽王闻悉犬戎来犯，忙吩咐虢石父点燃骊山上的烽火。烽火燃烧起来，传信八方，但诸侯们以为周幽王又在拿他们开涮，所以都没有理会。周幽王这边，战鼓再震天响，烽烟再浓，也未见一个救兵。

周幽王军备废弛，诸侯们又不来救援，因此镐京不久就沦陷了，周幽王和太子伯服在逃命时被人杀害，冷若冰霜的褒姒也成了犬戎的战利品。此时诸侯们才知道犬戎确实打过来了，他们组成联军赶到镐京援助。

犬戎看到诸侯们出兵了，便下令兵士在镐京大肆劫掠之后点了一把火就撤退了。犬戎撤退后，诸侯们拥立原太子宜臼即位，即为周平王。平王目睹镐京满目疮痍，又考虑到犬戎频频进犯，便于公元前770年迁都洛邑。东周从此开始。

周幽王为博褒姒一笑，遂烽火戏诸侯，盛极一时的西周在经历了一个旷古未有的玩笑之后，仓促地画上了句号。

少年读全景中华上下五千年 1

———— 先秦古韵 ————

春秋战国///王权衰落与列国纷争

公 元 前 7 7 0 年 ～ 公 元 前 2 2 1 年

郑氏几代人都在周朝担任卿士，把持朝政。郑庄公平定内乱后，致力于综合国力的发展，很快使郑国成为当时的一大强国。他是一个有战略眼光、精权谋、善外交的政治家，有着过人的政治才能。他一生功业辉煌，在位期间，先后击败过周、虢、卫、蔡、陈联军及宋、陈、蔡、卫、鲁等国联军，御燕、侵陈、伐许、克息、御北戎，攻必克，战必胜，可谓战绩显赫。他审时度势，不断调整策略与周天子周旋，于公元前707年长葛之战败王师，一箭射落周天子的威风，声威大震。这一切，成就了郑国在春秋初期的军霸大业。

公元前770年～公元前221年
//////////// 春秋战国 ////////////
郑庄公小霸

远交近攻的首创者

　　郑庄公之所以能够在纷争不断的春秋初期成其霸业，关键在于他开创并成功地运用了"远交近攻"的战略。

　　郑庄公城府颇深，在处理问题时往往表现得比较沉稳。当国家内部的安定问题解决以后，他清楚地知道，要想使国家强盛，必须积极地向外扩张疆域。郑庄公认真分析了各诸侯国的情况后，发现当时向外扩张的形势对自己十分有利：东面，齐国与鲁国已交战多年，齐襄公是无能之辈，难成气候；南面，楚国正积极向南拓展疆域，暂时不会北上；西面，秦国与犬戎正在交战，向东扩张；西北面，晋国内乱未平，

无暇顾及其他。所以，在朝中大权在握的郑庄公完全可以名正言顺地借天子之名，讨伐其他诸侯国以增强自己的势力。

　　但沉稳的郑庄公也意识到了危险的存在。当时郑国在版图上的地理位置是北邻卫国，东邻宋国。要是三国间睦邻友好倒还罢了，可事实上这两国与郑国之间的关系并不融洽，一旦有了矛盾，随时可能发生战争。另外，如果战争开始后卫、宋两国同时进攻，那么，郑国两面受敌，很难抵御。

　　权衡再三后，郑庄公制定了"远交近攻"的策略。远交近攻，顾名思义，就是联合那些距离较远的诸侯国共同攻打邻近自己的国家。这样做的好处不但可以迅速吞并卫、宋两国，还能帮助自己在扩张的道路上走得更远。于是，郑庄公便以周王室卿士的身份邀请鲁国、邾国同时出兵攻打卫国，之后，又分别与鲁、邾、齐三国结成联

▶远交近攻
远交近攻就是先和距离远远的国家结盟，然后进攻邻近的国家。此外交策略最早是由雄才大略的郑庄公制定的，这也为他日后的霸业奠定了基础。

〉〉〉郑武公将女儿嫁给胡国国君，然后趁胡国毫无防备的时候进行偷袭，一举吞并了胡国。

盟。郑庄公的这一举措，使得他在与东方诸国的外交上获得了主动权。

遭受攻击的卫、宋两国也意识到了与诸侯联盟的重要性，不甘示弱的两国结盟后便开始积极地开展对外交流。公元前719年夏天，卫、宋、陈、蔡四国同时出兵，对郑国进行了一次长达五天的围攻。同年秋天，卫、宋、陈、蔡又拉拢曾与郑国结盟的鲁国，再一次围攻郑国。

庄公见鲁国背叛盟约反过来打自己，心里很是气愤，但他也清楚此时的局势决不容许郑国就此与鲁国决裂。相反，郑国还必须认真分析鲁国的国内现状，争取抓住再次拉拢鲁国的机会。

终于，郑庄公等到了这个机会。见邾国遭到宋国攻击，与邾国结盟的郑庄公便以周王室卿士的身份调来王室的军队攻打宋国。宋军抵挡不住，派人向鲁国求助。不料鲁隐公与宋国使者在言语中竟然发生冲突，大发雷霆的鲁隐公便没有派兵援助宋国。郑庄公见机命人前往鲁国与隐公修好，还趁势挑拨鲁国和宋国之间的关系。不久后，齐国准备出面调和已经积怨很深的郑、宋两国。郑庄公为了拉拢齐国，于是顺水推舟，与宋、卫两个邻国结为盟国。齐国国君见郑庄公此举，大为满意，主动加强了与郑国的往来。如此一来，郑国与齐、鲁、邾三国的"远交"关系得到进一步巩固。新一轮的"近攻"即将展开。

公元前714年，郑庄公以宋国没有朝见天子为由，假传圣旨，命令各诸侯联手攻打宋国，鲁、齐两国积极响应。宋国寡不敌众，国都很快落入了联军的手中。可是没想到，宋、卫联军也乘机进入此时城内空虚的郑国国都，郑国被迫退兵。宋、

▲（春秋）青铜戈

春秋初年，郑国已有三军，内战用的军队已达二百乘，三军外则有徒兵和临时添置的军队。其军队数量至少在千乘以上，可见郑国军事实力之强。用青铜制造的武器如戈、矛、剑、戟、刀、斧、钺也厚重坚实，可见其装备之精。

卫联军见形势有利，又联合蔡国准备除掉戴国，给附近的郑国制造更大的危机。

见形势不利，郑庄公立即将攻占的两个宋国小城送给鲁国，并假借救援名义率兵进入戴国。宋、卫、蔡联军不敌郑军，被迫退兵，郑庄公便趁机夺取了戴国的大权。紧接着，郑庄公乘胜追击，接连攻破郕、许两国，又撤兵回宋，大败宋军。一时间，郑国军队声名远播。卫国见盟友宋国战败，无奈之下也主动向郑国求和，郑庄公中原霸主的地位由此确立。

长葛之战，周天子威信扫地

早在周平王执政时，眼见郑国日益强盛，周平王担心朝政大权旁落，遂收回了郑庄公手中的不少权力，并欲将大权授予虢公。庄公为顾全大局，隐忍不发，在觐见周天子时，以退为进，大出平王所料地恳请平王另纳贤良，让平王一时手足无措，只好再三声明自己并无心针对庄公。

最后，双方达成协议：庄公依旧任卿士一职；为消除疑虑，平王之子太子孤和庄公之子公子忽须互换到两地做人质，这就是"周郑交质"。

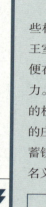
公元前720年，周平王驾崩，不久，太子狐因悲伤过度，也与世长辞。于是，孤的儿子姬林登基，即周桓王。周桓王一直期望通过自己的励精图治来改变王室衰弱不堪的局面，重振君威。

桓王见郑国日益强大，想收回庄公手中的一些权力。庄公示强，先后两次派遣士兵强行收割王室在温地、成周的庄稼。桓王得知后勃然大怒，便在庄公觐见之时有意灭其威风，刻意削弱其权力。桓王册封庄公为右卿士，将一些本属于庄公的权力移交给虢公。见桓王态度强硬，城府深厚的庄公便以退为进，回到郑国专心治理国家，养精蓄锐。郑国的势力越来越盛。之后，他又假借天子名义讨伐邻国，声威大震，地盘越来越大。桓王得

▲长葛之战，周王中箭

素有不和的周桓王与郑庄公矛盾逐步升级，最终导致周天子率众诸侯国讨伐郑国，引发长葛之战。郑将祝聃箭射周天子肩，郑军赢得了胜利。从此，周、郑彻底决裂，这也宣告着春秋大国争霸正式开始。

知后怒不可遏。桓王与庄公关系越发紧张，"周郑交恶"，战争随时可能爆发。

公元前712年，周桓王使用了西周时期周天子予夺封地的权力，用非王室统辖的苏氏十二城交换郑国的十城。之后，桓王又罢免了庄公的左卿士之职，进一步削弱郑庄公的权力。

庄公见桓王处处针对自己，改变了之前一再忍让的态度，此后连续五年不上朝觐见，也不再向王室进贡。见身为诸侯的郑庄公如此傲慢无礼，恼怒的周桓王决定御驾亲征，讨伐郑国。

公元前707年，桓王命令陈、蔡、虢、卫四国派兵联合伐郑。见周天子带着重兵来攻，郑庄公立即率军前往长葛应战。

两军对垒时，桓王统率的联军不断上前叫阵，庄公却按兵不动。等到桓王联军士气衰竭之时，庄公才下令战车在前、步兵在后，以"鱼丽"阵冲锋。庄公命令士兵首先攻打兵力较弱的陈国军队。郑军势如破竹，陈国军队全军覆灭，吓得蔡、卫两国的军队仓皇收兵，不战而退。见战术奏效，庄公又下令军队全力攻打桓王主力，周军节节败退，士兵纷纷弃甲而逃。郑军乘胜追击。郑将祝聃弯弓搭箭，一箭射中了桓王的左肩。随后，祝聃驱车紧追不舍。就在这时，郑国军队吹响了收兵的号角，祝聃只好回营，放走了周桓王。后来，庄公对祝聃说："对方是天子王军，作为诸侯，与周军对战原本就是不得已而为之。如果你抓住了桓王，我们应当如何安置他？如果一箭射死了他，杀害天子的罪名就要由我们来背负，到那时，我们该如何面对天下？如今周军大败，桓王受伤，我们已经扬威天下，不用再穷追不舍了。"

桓王败走长葛后，善于谋略的庄公为了表示对周桓王的尊敬，立即命大夫祭仲前往周朝探视桓王和他的属下。长葛一战到此结束，但各诸侯国之间激烈的争斗才刚刚开始。

〉〉〉卫武公去世，其子卫扬即位，是为卫庄公。

公元前690年，楚武王见位列"汉阳诸姬"之首的随国叛盟，不顾年迈，拖着病体，第三次挥师伐随，却不幸猝死途中。按楚武王的临终遗言，他的儿子熊赀于公元前689年登基即位，史称楚文王。楚文王与他的父亲一样，是一位具有远大抱负的国君。他在当政时期，下令迁都郢，并挥师北上，继续拓展楚国疆域。楚文王和齐桓公几乎是同时登上春秋大国争霸的历史舞台的。后来，楚、齐两国逐鹿中原，书写下了气势恢弘的大国篇章。楚文王离世后，楚国在其后继者楚庄王的领导下，黄河饮马，问鼎中原，终成地广物博、人口众多的强大国家，这之中，楚文王功不可没。

公元前770年~公元前221年
//////////// 春秋战国 ////////////
楚文王改弦更张

保申听言当即跪下回话："我敬受先王之命，不敢辜负他的重托。您不接受鞭刑，是让我违背先王之命。我宁可获罪于您，也不敢废弃国家法度。"

文王见保申抬出了先王，只得默然接受惩罚。保申拉过席子，让楚文王伏在上面，然后自己双膝跪地，将由五十余根纤细的荆条绑成的鞭子高高挥起，再轻轻落下。保申这样打了三下后对楚文王说："请您起来吧！"

楚文王觉得这样的打法根本可有可无，打了跟没打毫无分别，就说："我反正有了受鞭的名声，索性真的打我一顿吧！"

保申回答道："我听说惩处君子，要使他的心里感到羞耻；惩处小人，则要让他的身体觉得

受鞭纳谏，痛改前非

公元前689年，楚武王之子楚文王熊赀即位。他从小就接受师傅保申的严格教育，直到步入中年后才接过王权。楚文王在即位初期，经常带着猎狗外出打猎，往往一去就是三个月。其后，他又因得获美女舟之姬而整整一年不上朝听政。这样放荡不羁、贪图安逸、不履行君王职责的楚王，实在让朝中众位大臣大失所望。虽然大臣们多次规劝，但都无济于事。最后，辅佐楚文王的保申决定冒死进入内宫进谏，欲以鞭笞之刑来帮助他走上正途。

楚文王见保申以死相谏，便说："我从襁褓时起就位列诸侯，此时又成为楚国的国君，怎能挨鞭受罚呢？请您换一种刑罚，不要鞭打我了。"

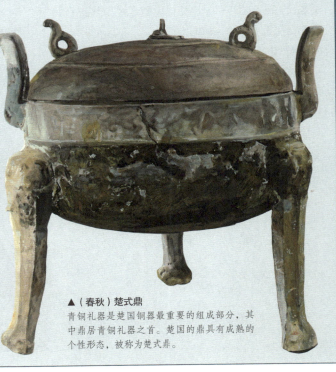

▲（春秋）楚式鼎

青铜礼器是楚国铜器最重要的组成部分，其中鼎居青铜礼器之首。楚国的鼎具有成熟的个性形态，被称为楚式鼎。

疼痛。如果此时大王您感到羞耻却不愿改正，那么让您觉得疼痛又有什么用处？若您还不能明白微臣的良苦用心，我作为辅臣实在难辞其咎，真是愧对先王啊。"保申说完，快步走出门外，想要投水自尽，以死谢罪。惊慌失措的楚文王连忙阻止，对保申说："这是我的过错呀，你何罪之有？"于是楚文王召回了保申，改弦更张，罢黜三宠，开始专心地治理国家，将自己所有的心思全都放在了勤政爱民、励精图治上。

大展宏图，迁都于郢

受鞭纳谏后的楚文王与以往相比，简直就像换了一个人。之后他所做的第一件大事就是在公元前689年迁都于郢（今湖北江陵纪南城）。迁都于郢并非是楚文王为立君威而草率作出的决定，而是经过了全盘考虑。楚文王发现，由于楚国的疆域在先王楚武王的努力扩张下已变得十分辽阔，要想有效地控制住整个汉水流域的中部地区，并且还要在中原诸侯们的紧盯严防下继续北上扩张的话，就必须把偏居一隅的国都迁往位置更有利的地方。最终，楚文王选择了郢。郢地处江汉平原中部，水路、陆路交通都很便利。这里土地丰饶，地势险要，东与云梦相邻，西连巫巴之地，北接中原通衢，南临长江天险，依山傍水，易守难攻，大有一夫当关、万夫莫开之势。

楚文王迁都郢这一英明之举，奠定了楚国开拓江汉、北进中原的坚实基础。因此，历史上有"楚人都郢而强"的赞誉。

▶励精图治的楚文王

楚文王原名熊赀，是楚武王之子。楚文王即位之初碌碌无为，经大臣保申提点，他励精图治，从丹阳迁都于郢。他继承父亲的遗志，尚武强国，先后灭掉息、邓、申、蓼诸国，大大扩充了楚国的版图。

向北开拓，窥视中原

楚文王迁都郢地后，把兴趣和精力全都倾注在战争上，继续挥师北上，欲以战争为手段实现武王"观中国之政"的宏愿。

公元前688年，楚文王准备举兵北上攻打申。但由于楚、申两国之间还夹着一个邓国，而伐申必须假道于邓，因此，楚文王伐申也兼有伐邓之意。

引兵过邓时，邓国三位大夫——骓甥、聃甥、养甥劝说国君祁侯乘机杀死楚文王，以绝后患。祁侯是楚文王的舅舅，他坚信楚文王不会来攻打自己，因此没有听从大夫们的劝诫，并按正规的礼仪接待了楚文王。

公元前685年，齐桓公在管仲的建议下，在齐国大刀阔斧地进行改革，使齐国逐渐强大起来。到公元前679年，宋、陈、郑与齐结盟后，齐国一跃成为中原霸主。此时，齐国已对楚国构成了巨大的威胁。

楚文王见齐桓公势大，为了消除隐患，必须立即打通南阳与襄阳之间的通道。楚军继续北

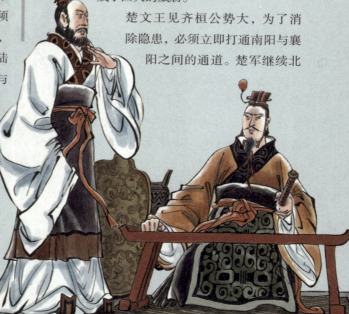

〉〉〉焦国为虢国所灭。焦国子孙遂以故国为姓，成为焦姓的起源之一。

▶ **息夫人像**

息夫人是春秋时期息国国君的夫人，出生于陈国（今河南淮阳）的妫姓世家，又名息妫，因其容颜绝代，又被称为桃花夫人。楚文王闻知其貌美，便动用武力强掳为夫人，息侯郁愤而死，息国自此灭亡。息夫人终日怀念故国，牵挂息侯，虽为楚王生了两个儿子，但三年不语，最终自尽而亡。

上，攻灭申国，除掉了周朝南部最大的一个异姓诸侯国，将申国变成了楚国的一个大县。此时，夹在楚、申两国之间的邓国虽然幸存，但已若釜中游鱼。次年春，楚师突然回兵，在自申返楚的途中一举灭掉了邓国。

邓灭亡后，吕、缯等国已是岌岌可危。楚军接连消灭了它们，占领了南阳盆地，打开了进入中原腹地的大门。

《史记·楚世家》中记载："齐桓公始霸，楚亦始大。"为与齐国抗衡，楚文王继续率兵北上，以郑厉公复位"缓告于楚"为借口出兵讨伐郑国，以此向霸主齐国示威。楚国和齐国几乎同时为成就霸业而逐鹿中原。

伐蔡灭息掳美人

汉水以东之地已尽收楚文王囊中。此时，恰逢地处汝水流域的蔡国和地处淮水流域的息国之间出现矛盾，楚文王便趁机把扩张的巨手伸向了中原腹地。

楚文王伐蔡的缘由，从表面上说，是应息侯之请，去惩罚无礼的蔡侯。原来，蔡国夫人和息国夫人是亲姐妹，都出身于陈国（今河南淮阳）贵族。蔡侯先娶，息侯后娶。息国夫人息妫花容月貌，自息赴陈省亲时，途经蔡国。蔡侯见息妫貌美，便欲

行不轨之事。息侯闻知此事，大怒，即派使者到楚国，向楚文王献上伐蔡的计策：请楚国假装攻打息国，息国再假意向蔡国求救，楚国就有理由攻打蔡国了。

楚文王得听此计，大喜过望，于公元前684年秋率军出征。战场上，不堪一击的蔡军一触即溃，蔡侯急忙逃往息国，设计害他的息侯当然见死不救。楚兵追至，蔡侯被楚军俘获并带回了郢都。

蔡侯得知实情后，非常痛恨息侯。为了报复息侯，蔡侯被扣留在郢都时故意经常向楚文王渲染息国夫人如何美丽。几次下来，楚文王竟对素未谋面的息国夫人心生爱慕之情，他对蔡侯说："我若能得见息夫人，虽死无憾。"

蔡侯见楚文王心动，趁机挑唆道："以君之威，要齐姬美人也不难，何况这屋檐下一妇人？"

于是，在蔡侯的建议下，楚文王便以巡视各方为由，带兵攻入息国并扣押了息侯。从此，息国沦为楚国属地。

当楚文王见到息妫，发现其果然如蔡侯所言，目如秋水，面若桃花，身材婀娜，举止优雅。喜不自胜的楚文王当即立息妫为夫人，称为桃花夫人。

成为桃花夫人的息妫常常在楚文王面前表现得郁郁寡欢，楚文王了解到她对蔡侯心存怨恨后，为博红颜一笑，便发兵灭了蔡国。

楚文王相继灭掉申、邓、息、蔡后，在中原的脚跟已经站稳，无论是东边的淮夷之地，还是北方的郑、许、洛邑，楚国都可以攻守自如。曾备受轻视的蛮夷小国变成了中原一霸，成为华夏众国的强大威胁，从此以后再无人敢小觑了。

周武王一统天下后,将临淄分给大功臣姜太公为封地,姜太公在这里建立了疆域辽阔的齐国。之后,君权几度更迭,齐国一直太平安定。但自昏庸的齐襄公即位后,齐国国政日渐混乱。公元前686年,大臣公孙无知杀掉了齐襄公,自立为君。次年,公孙无知又被雍林人杀死,君位空缺,襄公逃亡在外的两个兄弟公子纠和公子小白都欲回国争位。小白半路佯死,争取到时间,抢在纠之前回到了齐国,坐上了君位。小白就是后来"九合诸侯,一匡天下"的齐桓公,他几乎和楚文王同时登上了大国争霸的历史舞台。

公元前770年~公元前221年
//////////////////春秋战国//////////////////
小白诈死得王位

齐国内乱,公子争位

齐襄公执政期间,齐国的朝政混乱不堪。齐襄公昏庸残暴,强征暴敛,杀戮无辜,荒淫无道。刚即位时,他就强令其堂弟公孙无知不得享受公子待遇,然后又与自己的妹妹、鲁桓公的夫人文姜私通,谋杀了鲁桓公,这一丑恶行径让他大失民心。

公元前687年,齐襄公派遣齐国大夫连称、管至父去戍守葵丘(今山东淄博),答应说到了第二年瓜成熟的时候就让别人来接替他们。可到期后,齐襄公却失信于人。因此,连称、管至父心怀不满,伺机起兵反叛。

对齐襄公一直怀恨在心的公孙无知听说齐襄公打猎时意外受伤,窃喜不已,连忙联络连称、管至父等人起兵造反。

公元前686年冬,叛军杀齐襄公于宫中,公孙无知自立为君。次年二月,还没坐稳君位的公孙无知便被雍林人杀死了。之后,齐国君位空缺,国政越发混乱。

齐襄公有两个兄弟——公子纠和公子小白。当年,齐襄公与自己的妹妹文姜谋杀鲁桓公时,小白的师傅鲍叔牙预感齐国即将发生大乱,决定保护小白出逃。在鲍叔牙的心中,第一选择便是逃往卫国,因为公子小白的母亲就是卫国国君的女儿。但如果逃往卫国,路程未免太远。鲍叔牙思考权衡后,带着小白逃到了南面的邻国莒国。

此时,公子纠也在颇有远见的大臣管仲和召忽的保护下逃到了其母亲的家乡——鲁国。

小白和齐国势力最大的正卿高傒从小相好。高傒一听说雍林人杀了公孙无知,就和大夫国氏秘密命人通知小白回国即位。

▶姜太公像
姜太公辅佐周文王与周武王讨伐商纣,建立西周,是一位影响深远的军事家与政治家。

前753年

〉〉〉秦国国君外出游猎，记载当时盛况的数首四言诗被刻在鼓形石头上。这是我国最早的石刻文字，史称石刻之祖。

小白得到消息后，同鲍叔牙分析了国内情势，便驱车不分昼夜地向齐国进发。

与此同时，鲁庄公也得知公孙无知被杀，便急忙发兵护送小白的哥哥公子纠回国夺取君位。

此时，公子小白和公子纠两派势力都把目光集中到了齐国国君的位置上。

小白诈死，抢得先机

心思缜密的管仲发现公子小白在离齐国很近的莒国居住，这样的话小白就会早于公子纠到达齐国。想要抢得先机，就必须阻止小白一行人的行动。

于是，管仲向鲁庄公借三十精兵，骑快马日夜兼程地赶往从莒国到齐国的道路，终于在半路上截住了公子小白的队伍。

管仲看到保卫小白的莒国士兵气势汹汹的样子，明白双方力量悬殊，如果真刀真枪地打起来，自己将处于不利地位，因此只能智取。

于是，管仲便装作离开，刚走了几步，趁对方不备，突然回身一箭射向小白的胸口。

莒国士兵猝不及防，只听见一声惨叫，便看见小白口吐鲜血倒在了车上。众人都被唬住了。

这时，得手的管仲一行迅速逃去，只听得背后哭声一片。

鲍叔牙等人完全没有料到管仲会出其不意地射杀小白。见小白吐血倒下，鲍叔牙悲痛地扑上前去，却

◀（春秋）带钩

带钩是古代贵族和文人武士用来系腰带的一种挂钩，多用青铜铸造，也有的用黄金、白银、铁、玉等制成。带钩起源于西周，春秋战国至秦汉时期广为流行。

发现小白居然安然无恙。

原来，管仲射出的那一箭恰好被小白身上的衣带钩挡住了，居然没伤到一点皮毛。而公子小白十分机警，"中箭"后立即咬破舌尖，喷血装死，生怕管仲再射出第二箭。

鲍叔牙为防管仲一党得知小白未死再次来袭，将计就计，安排大队人马举丧前行，自己则带着小白乘小车在几个士兵的保护下，日夜兼程奔往齐国。

小白一死，再无人有资格与公子纠争夺王位了。管仲喜不自胜，见到公子纠后，立即把这个喜讯告诉了他。

公子纠等人听闻小白已死，高兴得手舞足蹈，便饮酒庆祝。但让他们没有料到的是，大难不死的小白已经加快行程，抢先到达了齐国，并且在齐国贵族国、高两氏的拥立下成为齐国的国君，即历史上赫赫有名的齐桓公。

公子纠等人以为小白已死，自己胜券在握，便放慢了行程，不慌不忙地向齐国都城进发。

当公子纠到达齐国后，得知小白已占得先机即位为君，自己无望，只好驱车逃回鲁国，生怕小白派追兵来抓自己。

见公子纠沮丧而回，鲁庄公勃然大怒，决意派兵进攻齐国，想通过武力帮助公子纠夺回君位。

结果，鲁庄公大败而归，从此鲁国与齐国结下了深仇大恨。

◎看世界／亚述军攻下大马士革　　　　◎时间／前732年　　　　◎关键词／亚述行省

历史上赫赫有名的"春秋五霸"中，第一个称霸的便是齐桓公。齐桓公何以能第一个成为霸主？一个重要的原因就是他任用了当时最杰出的政治家管仲为宰相。公元前685年，齐桓公在其师鲍叔牙的建议下，冰释前嫌，以德报怨，任用管仲为相，大刀阔斧地改革内政，从而使得齐国国力大增，一跃成为雄视天下的中原霸主。孔子曾称赞管仲说："是管仲辅佐齐桓公登上了诸侯霸主的地位，一匡天下。要是没有管仲，我们就要披散头发，衣襟向左掩，沦为蛮族统治下的老百姓了。"

公元前770年~公元前221年
//////////// 春秋战国 ////////////
管仲拜相

管仲返齐

齐桓公即位后，便与鲍叔牙商议如何对付已逃往鲁国并有管仲辅佐的公子纠。为绝后患，鲍叔牙向齐桓公建议说："我可以率领军队戍守在与鲁国交界的汶阳。对鲁国而言，此时的公子纠已无利用价值，鲁国不会再因他而与我国为敌。如果我派人向鲁君讨要公子纠，想必鲁国人会立即将他的首级奉上，如此我们便可以假借他们之手除掉公子纠这个隐患。这样做，也不会让您失义于人。"于是，齐桓公便将此事全部交由鲍叔牙来解决。

鲍叔牙向齐桓公请命，除了为杀掉公子纠之外，更重要的一个原因是想将管仲带回齐国。

鲍叔牙和管仲从小就是知心好友，他很清楚管仲的治国能力。

鲍叔牙率领大军到达汶阳后，立即修书并派大将隰朋将书信送到鲁庄公手中。鲍叔牙在信中清楚地说明了交换条件：杀公子纠，交出管仲、召忽；如若不从，齐国即刻出兵伐鲁。鲁国大夫施伯见信后，主张杀死管仲。他认为，齐桓公之所以要求鲁国交出管仲，并非为了报那一箭之仇，而是想要利用管仲的才能使齐国变得更加强大。如果放管仲回齐，今后势必会威胁到鲁国的安全。但迫于齐国的压力，鲁庄公并没有听取施伯的建议，而是按照鲍叔牙信中所要求的做了。他杀掉了公子纠，准备送还管仲、召忽。但召忽在得知公子纠死后竟然自刎而死。

召忽已死，只剩下管仲一人与隰朋回到了齐国。在边境等候已久的鲍叔牙一见管仲，便立即迎了上去，命人打开囚车，去掉管仲身上的刑具，让人服侍他沐浴更衣。之后，鲍叔牙与管仲共叙久别之情，把自己想向齐桓公举荐管仲的想法提了出来。管仲沮丧地说："我既没能帮助公子纠登上

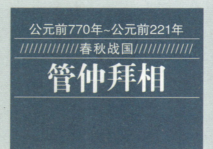

▲管仲像
管仲名夷吾，又名敬仲、字仲，春秋时期齐国著名的政治家、军事家，颍上（今安徽颍上）人。管仲辅佐齐桓公九合诸侯，一匡天下，有春秋第一名相之称。

▶（春秋）公铸壶

此壶为春秋时期的典型器形，体圆头宽，盖顶以两条盘旋凸起的蛟龙为钮，龙头昂首交错，细腻逼真。壶口铸作未开。鼓腹，矮圈足外撇，壶头两侧装饰有两个犬首衔环耳，头、腹上部饰有细密的蟠螭纹和由双体斜纹做成的三角形模印纹饰。头、颈交接处有一圈素面条带，上铸"公铸壶"三字铭文。

君位，又没能像召忽那样以死誓忠，却甘愿被囚困，实在惭愧。一臣不事二君，如果我现在去辅佐齐桓公，一定会遭天下人耻笑哇！"鲍叔牙开解他说："你曾经说过，做大事的人常常不拘小节，立大功的人往往不需他人谅解。当今的齐桓公是一个胸襟开阔、志存高远、锐意进取之人，将来定能带领齐国称霸天下。你有治国的奇才，如果你能不计较过去而辅佐他成就大业，日后不难名扬四海。"

鲍叔牙的话一针见血，管仲听后如醍醐灌顶，豁然开朗，答应让鲍叔牙去举荐自己。

鲍叔牙力荐管仲

第二天，鲍叔牙去见齐桓公，但并没有直接提出自己的想法，而是先向齐桓公表示吊唁，然后恭贺。齐桓公深感不解。鲍叔牙解释说："您的兄长因危及国家社稷而被杀死，因此我要先向您致哀。"

齐桓公问："那你要恭贺我什么呢？"

鲍叔牙回答道："我恭喜大王，是因为管仲已回到了齐国，您将得到一个足智多谋的宰相。"

齐桓公听后大怒，回想起当初管仲箭射自己的那一幕，恨得咬牙切齿，怒气冲冲地对鲍叔牙说："当初若非我命大，早就被他一箭射死了。管仲与我有不共戴天之仇，我怎么可能重用他？"

鲍叔牙回答说："管仲射您一箭，是因为他身为公子纠的师傅，当然要为公子纠着想。大王您可记得周文王求贤的故事？管仲有治国安邦的大智，您若能宽宏大量，不计前嫌，重用管仲，何愁霸业不成！"

齐桓公听后，让鲍叔牙先退下，说自己再考虑考虑。其实，齐桓公想让鲍叔牙做宰相，辅助他处理朝中政事。

鲍叔牙知道后，回绝说："感谢大王您对我的厚爱，我能恪尽职守、忠心耿耿地辅助您，您要是只需治理齐国，用我为相就足够了。但您要是想称霸天下，我就没有能力帮助您了。"

齐桓公问鲍叔牙何为称霸天下的才能，鲍叔牙回答说："称霸的才能，是对外能安抚天下，对内能稳定军心，使国家安定，辅佐君王享无疆之福，名留青史。而我没有这样的能力。"

齐桓公听后便问何人才有这样的能力，鲍叔牙连忙举荐道："如果您想要称霸天下，就非用管仲不可！他身怀奇才，治国有方，我的能力远不及他。"

齐桓公是在鲍叔牙的帮助下才坐上国君宝座的，齐桓公一向信任他。而且，齐桓公是一个有鸿鹄之志的人，他知道鲍叔牙之所以几次三番地举荐管仲，定是因为此人确有常人难及之处。鲍叔牙见齐桓公心动了，便继续说："如果您要任用管仲，就一定要让他当宰相，还要以隆重的仪式来迎接他。因为宰相的地位仅次于大王您，如果您敷衍了事，不重视封相之礼，那么世人就会看不起他。宰相是辅佐君王治理国家的重臣，如果世人轻视宰相，不就等于是轻视大王您吗？"齐桓公认为鲍叔牙的话很有道理，当即表示愿意采纳他的建议。

从囚徒到仲父

　　管仲还未抵达国都，齐桓公就派鲍叔牙前去迎接。待到管仲一行接近国都，齐桓公便挑选吉日，沐浴焚香，亲自到郊外去迎接，并和管仲同辇回宫，正式拜其为宰相。管仲得遇明君，不负齐桓公的厚望，全心全意地协助齐桓公进行改革。在管理上，管仲认为礼能让人知廉耻，法能让人守规矩，主张礼、法并用。在政治上，他推行国、野分治的"三国五鄙"制度。在经济上，他进行了租税改革，鼓励发展农业、手工业，并实施了一系列推动经济发展的政策。内政稳定后，管仲主张对外联合诸侯，力劝齐桓公打起"尊王攘夷"的旗号，终助齐桓公成就霸业。

　　由于管仲推行改革，齐国出现了民足国富、社会安定的繁荣局面。齐桓公见国家富强，心中十分高兴。当他认定管仲值得信赖后，就在私下里问管仲："我有两个非常大的缺点，就是爱好打猎和喜好美色，不知是否会妨碍我的霸业？"管仲答道："不知人善任，又容易听信小人谗言，才会影响霸业。"齐桓公听闻，觉得有理，便尊拜管仲为仲父，并明示其他大臣，以后凡事先禀明仲父，再禀报自己，凡是大事均由仲父来做决定。

　　"春秋五霸"中，第一个称霸的便是齐桓公。齐桓公为什么能够第一个称霸？主要原因就是他任用了当时最杰出的政治家管仲为宰相。管仲帮

▲（西周）铜方壶

壶是盛酒器。此壶方腹，圈足，有盖。壶颈部两侧有一对套环象鼻耳，腹部两面皆以宽带形成十字纹，每一方格内饰凤鸟纹。颈部饰三角云纹和凤鸟纹。方壶形体较大，浑厚雄伟，具有西周晚期青铜器的典型特征。

助齐国从混乱、萧条的局面走上了安定、富强之路。他还组织常备军南征北战，并运用各种政治手段，在短短几年时间内就帮助齐国称霸中原。可以说，没有管仲，齐桓公就难成霸主；而没有齐桓公，管仲就无法施展自己的才华。齐桓公和管仲两个人由敌变友，历来被人们视为君臣相知的典范。齐桓公不计私仇，任人唯贤，不愧为开明的君主。

春秋初期，意欲逐鹿中原、称霸天下的郑、楚、齐等各诸侯国的君主，都在为富国强兵而努力着，唯独卫国的卫懿公却好鹤成瘾，疏于朝政，对百姓的疾苦漠不关心，致使卫国国内怨声载道，国势日益衰落。公元前660年冬，戎狄举兵攻打卫国，朝中众臣和民众不肯应战，还讽刺懿公道："使鹤，鹤实有禄位，余焉能战！"众叛亲离的卫懿公陷入孤立无援的窘境，最终国破人亡。

公元前770年~公元前221年
//////////春秋战国//////////
卫懿公好鹤亡国

对百姓的生活一点都不了解，执政期间从来不关心国家政事，整天过着奢侈糜烂的生活，致使百姓怨声载道。卫懿公最大的嗜好是养鹤，只要有人给他献鹤，就能得到丰厚的

鹤大夫与鹤将军

春秋时期的卫国，是中原北部的一个大国，都城建在朝歌（今河南淇县）。在商纣王去世后，商朝的遗民被周王移往宋国，朝歌随即被周王分封给了卫国。

公元前668年，卫懿公继承了卫国的君位。从小生活安逸的卫懿公

▶（春秋）双虺铜具

此铜具出土于辽宁朝阳十二台营子村，高10.2厘米。双兽纠结为北方草原民族喜用的题材，往往表现为以大噬小，通身盘绕。此为双蛇对峙，既互为纠缠，又保持左右对称。

◎看世界／辛那赫里布被儿子杀死 ◎时间／前680年 ◎关键词／权力斗争

赏赐。于是，那些贪图名利、阿谀奉承的官员为了巴结卫懿公，便争相把四处搜寻来的鹤进献给卫懿公，弄得宫里处处都是鹤。宫中养不了那么多的鹤，卫懿公便大肆修建宫苑，弄得百姓叫苦连天。

更让人不可思议的是，这些鹤还被卫懿公分成了不同等级并给以俸禄。等级不同，所获地位和俸禄也不同。卫懿公将最上等的鹤册封为大夫，差一点的鹤也能获得士的俸金，甚至连养鹤的奴仆也可以得到很高的待遇。国家突然多出了这么多享受俸禄的"鹤大夫"和养鹤的奴仆，民众的赋税也越来越重，饿死、逃走的百姓数量与日俱增。

卫国有两位贤臣，大夫石祁子和宁速。他们多次向卫懿公提出谏言，可卫懿公置之不理，依旧如故。卫国公子毁见这样下去国家迟早会灭亡，就找了个借口前往齐国。齐桓公将一个贵族女子许配给公子毁，公子毁便留在了齐国。

北狄王乘虚而入

公元前660年，卫国面临重大危机。北狄王对齐桓公多年前攻打山戎之事恨之入骨，一心想要报复，见卫国国力衰落，人心涣散，便抓住时机率兵出击卫国。

卫懿公听闻北狄王率兵来袭，惊慌失措，急忙备战，却发现城中百姓早已逃走了。没有了征兵的对象，缺少了战斗力，抵抗也就无从谈起了。

即使是那些没有逃走的大臣和民众，也都不愿为他作战。甚至还有人讽刺卫懿公说："鹤将军和鹤大夫在哪里呢？让它们去打仗吧。它们吃着朝廷的俸禄，哪里还用得着我们呢？"卫懿公听后勃然大怒道："鹤怎么能打仗？"百姓嘲笑道："既然鹤不会打仗，那就是无用的东西了。您这么

疼爱这些废物，却对百姓不闻不问，直到敌人来袭，才想起我们！"

卫懿公无言以对，叹道："唉！是我错了呀！"于是，他转过头对石祁子说："你去把所有的鹤都放了吧，我再不养这些无用的废物了！"

石祁子、宁速两位大夫连忙向民众告知说卫懿公已有悔改之意，所有的鹤都被放走了。百姓听后，才渐渐消了怒气，组织在一起，准备抵抗北狄的进攻。

众叛亲离，身死国亡

宁速想率兵迎战狄军，便上前请求卫懿公，卫懿公回答道："如果我不亲自上阵杀敌，将士们怎么能够奋勇向前呢？"卫懿公当即把身上所带玉佩取下来递给石祁子，请他代理国事。接着又取出一支箭，请宁速守卫都城。随后，卫懿公册封大夫孔渠任将军，于伯为副将，黄夷任先锋，孔婴齐做后队，亲自率领军队前去应战。

但由于卫国士兵平常缺乏训练，与狄军一交战就被打得七零八落，一败涂地。士兵人心涣散，纷纷丢下兵器逃走了。最后，黄夷、于伯战死沙场，孔婴齐自杀，而卫懿公和孔渠则被敌人碎尸万段，卫军全军覆没，戎狄随即攻占了卫国都城。

卫懿公因为爱鹤成癖而疏于朝政，致使国破人亡，成为不务正业、玩物丧志的代表人物。

许穆夫人是卫懿公远嫁许国的妹妹，听说卫国灭亡后，悲痛欲绝，毅然驾车奔卫，吊唁卫懿公。她为复兴卫国而四处奔走，最终在齐、宋等国的帮助下赶走了戎狄，夺回了国土。其后，公子毁回国即位，史称卫文公。在齐国的帮助下，卫文公建都楚丘，卫国重新建立起来了。卫文公兢兢业业地治理国家，减轻徭役，降低赋税，获得了百姓的称赞。此后，卫国又延续了四百多年。

◎看世界／米底统一　　　　　　◎时间／约前675年　　　　　　◎关键词／普拉欧尔铁斯

公元前770年～公元前221年
//////////春秋战国//////////
晋献公假途伐虢

公元前679年，曲沃武公出兵伐晋成功，夺得君位，史称晋武公。两年后，武公病逝，其子诡诸即位，是为晋献公。晋献公怀有经天纬地之才，执政后大展身手，积极拓展国家疆域。但要想逐鹿中原，就必须消灭阻碍晋军前进的虢国（今河南三门峡一带），而灭虢的突破口则是地处南部的小国——虞国（今山西平陆境内）。虞、虢两国相邻，历来关系很好。如何才能通过虞国而消灭虢国？晋大夫荀息献计，先以财宝贿赂虞国，借道伐虢，再回兵灭掉虞国。晋献公利用此计，成功地吞并了这两个小国。唇齿相依，唇亡齿寒。如有一方因小利而失大义，将会使双方都失去相扶相持的友邦，最终都难逃灭国之灾。

投其所好，荀息设计

晋国南面的虞、虢两国彼此相邻，祖先都是姬姓，因而两国世代交好。虢国国君常常叫士兵到晋国边界寻衅滋事，晋献公为此心烦不已。其实，为逐鹿中原，晋献公早就想要除掉阻碍晋国向中原发展的虢国，但苦于一直未找到良机。

一天，晋献公把大夫荀息叫来问道："攻打虢国的时机到了吗？"

荀息连连摇头，说："现在还不行。虞、虢两国交好，如若攻打虢国，虞国就一定会来帮忙。两国联合在一起实力很大，恐怕咱们没有必胜的把握。"

晋献公叹道："如此说来，我们只能忍气吞声，任由虢国骚扰了。"

荀息接着说："倒不是这样，虢国国君喜好美色，我们就投其所好，送他美女，让他沉迷美色，荒废朝政，腐蚀掉他的锐气。到那时，我们就能去讨伐他了。"

晋献公听了大喜，依计把美女送到虢国，虢公果然中计，每天醉生梦死，渐渐荒废了朝政。

晋献公见时机到了，就准备出兵讨伐虢国。

荀息说："现在还不是时候。如果我们派兵攻打虢国，与虢国关系亲密的虞国肯定会出兵救助虢国。"

晋献公连忙问有何应对之法。荀息提议让晋

▼虞公收礼

晋国用美玉和宝马贿赂虞公，借道虞国，出兵灭掉了虢国。"假虞灭虢"的成语即由此而来。

◎看世界／亚述远征埃及　　　　　　◎时间／前671年　　　　　　◎关键词／攻占孟菲斯

▼（西周）夔龙纹玉佩

此玉佩弯曲似鱼，两边有短翅，佩上镌刻两尾交接的夔龙。夔是古代传说中的一种龙，只有一足。玉佩两端有小孔，可供佩系。夔龙纹饰在商周时期十分流行，常镌刻在礼器或饰品上，以显示主人身份的尊贵。

献公准备一份丰厚的礼物送给那位只顾眼前利益的虞国国君，然后向他借道攻打虢国。如此一来，虢国见虞国让道，便会怀恨于心，两国关系破裂，到那时，虞国自然就不会出兵援助虢国了。

晋献公闻言大喜过望，立即命荀息依计行事。

借道伐虢，一箭双雕

荀息带着一匹千里马和一对珍贵的玉璧来到虞国。虞公见到如此厚礼，顿时心花怒放，问道："这些举世罕见的宝贝都是贵国的国宝哇，贵国国君怎么舍得送给我呢？"荀息回答："我们国君久仰您的盛名，早就想与贵国结交，因此送上微薄之礼，以表诚意。"说到这里，荀息见虞公目光一直盯在礼物上，趁机道出目的："此外，我们还有点小事想请贵国相助。虢国总是到我国边界寻衅滋事，我们想惩处一下他们，希望借贵国一条路让我们过去。如果能有幸获胜，所缴获的物资将全部奉送给您。"贪图小利的虞国国君连连答道："可以，可以！"

这时，虞国大夫宫之奇上前阻拦道："不可，不可！虢国是我国的屏障，两国互相依存，关系密切。俗话说'唇亡齿寒'，如果嘴唇没有了，牙齿就会感到寒冷。虞、虢两国利害密切相关。一旦虢国被灭，我们国家也就难保了！"

虞公紧紧攥着玉璧，怒目直视宫之奇，大声斥责道："晋国以诚相待，送上厚礼。我们怎么能连这么个小忙都不帮？再者，与强大的晋国交好，总比与那弱小的虢国交好划算，有何不可？"

宫之奇再三劝谏，可虞公不听，宫之奇只好默然退去，并带领一家老小偷偷地离开了虞国。

晋献公在公元前658年命里克和荀息率兵从虞国借路去攻打虢国。三年后，虢国灭亡。晋国依照承诺，将缴获的物资和俘虏的女子送给了虞公。虞公见晋国果真信守诺言，更是喜出望外。

晋国将军里克借口说自己身体不适，暂时不能返回晋国，便驻军在虞国国都旁边。虞国国君一点也没有怀疑。几日后，他还亲自到城外迎接率兵前来接应晋军的晋献公。晋献公邀请虞公出城打猎。刚走不远，就见虞都内火光冲天，虞公匆忙回城，却发现晋军已攻占了虞都，虞国被晋国轻易地消灭了。

前710年

〉〉〉宋国发生内乱，太宰华督杀掉大司马孔父嘉和宋殇公，迎立宋庄公。

◎ 看世界／皮里安德修建"曳道"　　　　◎ 时间／前625年~前585年　　　　◎ 关键词／"陆地行舟"

公元前770年~公元前221年

//////////////春秋战国//////////////

宋襄公泥守"古道"

齐桓公死后，齐国大乱，齐桓公创下的霸业也逐渐衰落。而曾与齐国相抗衡的楚国此时却野心勃勃，想挥师北上，问鼎中原。公元前642年，齐国太子昭在宋襄公及曹、卫、邾三国的扶持下，攻齐夺位，成为齐孝公。此时，宋襄公欲趁齐国混乱之际夺得中原霸主之位，便于公元前639年会盟诸国于盂地。但他因坚守自己那套"古道"而错过了与楚国作战的最佳时机，最后以失败而告终，落得个被后人耻笑的下场。

不自量力，欲图称霸

齐桓公去世以后，易牙、竖刁、开方、雍巫这群奸臣扶持公子无亏继承君位。太子昭被迫逃亡宋国，恳求宋襄公替他主持公道。

宋襄公姓子名兹甫，是宋桓公的次子，资质平庸。宋国当时的国力较弱，但宋襄公却抑制不住对霸主地位的贪念，想趁齐桓公驾崩之机夺得霸主之位。宋襄公认为太子昭此

◀（春秋）宋公栾戈

此戈全长22.3厘米，戈体有6个错金鸟篆体铭文。宋公栾即宋国国君宋景公。

时前来投奔他，正是上天赐给自己的良机，于是他当即决定让太子昭留在宋国。

公元前642年，宋襄公欲送太子昭返回齐国继位，他邀请各诸侯国共同出兵相送，以壮声威。但是，由于宋襄公在诸侯国中的声誉和影响力都太小，因此大多数诸侯国对他的邀约根本不予理睬，只有卫、曹、邾三个比宋国还小的国家应邀前来。宋襄公只得率领四国联军向齐国进发。当时正逢齐国国内混乱之际，联军长驱直入，势不可挡。见形势不利，齐国众臣集体向联军投降，合谋杀掉公子无亏，扶持太子昭即位，史称齐孝公。

盲目自大，会盟受辱

太子昭在齐国顺利登基后，宋襄公洋洋得意，自以为完成了震惊天下的大事，盲目地认为现在是宋国树立威望、称霸中原的时候了。于是，自以为是的宋襄公想召开盟会，借此来确立自己的盟主地位，强迫小国臣服。为获得大国支持，宋襄公把齐孝公叫来，想和他一起同楚国商量结盟之事。齐孝公表示愿倾全力支持宋襄公，以感谢他当初曾扶持自己继承齐国君位。

宋国、齐国、楚国的君王于公元前639年春在齐国的鹿地会盟。会盟初始，宋襄公就把自己当成盟主。他觉得自己既然是这次会盟的组织者，而且爵位又高于齐、楚两国国君，成为盟主是顺理成章的事情。宋襄公没有提前与齐、楚两国商讨，就擅自做主拟出了当年秋天在盂地会盟诸侯、共扶周室的盟约。

会盟之日已近，宋襄公出发前，其庶兄公子

少年读全景中华上下五千年·1·先秦古韵

春秋战国·王权衰落与列国纷争

〇八五

▶宋襄之仁

迂腐的宋襄公在两军对垒时大谈仁义道德，坐失良机，一败涂地，成为后人的笑柄。

子鱼劝道："楚国人的信誉不是很好，咱们应当率兵前往，以备不时之需。"宋襄公过于自大，不听子鱼的劝告。

在盟会上，楚成王和宋襄公为盟主之位争执不下。诸侯们见楚国实力强大，纷纷偏向楚成王。不服输的宋襄公欲再争辩，却被蜂拥而上的楚国将士抓了起来。

于是，曾经野心勃勃的宋襄公沦为了楚国的囚犯。子鱼趁乱逃脱，回到宋国积极率领宋人抵御楚国的进攻。齐鲁等国出面协调后，宋襄公才被刚刚坐上盟主之位的楚成王放回了宋国。

言必"仁义"，坐失先机

脱险归来的宋襄公根本没有好好反省自己的错误，而是一心想找楚国报仇雪耻。公元前638年，宋襄公邀请卫、许等国联合出兵攻打郑国，想把自己的怒气发泄到臣服于楚国的郑国身上。楚成王接到郑国的求援信息后，立即发兵宋国。宋襄公措手不及，只得撤军回国，途中与楚军在泓水（今河南柘城北）相遇。

宋国大司马公孙固审时度势，主张和谈，宋襄公却毫不理会。事实上，楚军实力强大，根本就不把宋军放在眼里，在白天就开始大张旗鼓地过河。公孙固见状，立刻禀明宋襄公："当楚军行至河中央时，乃是我军进攻的绝佳时机，这时出击将会胜券在握。"但宋襄公迂腐地说："楚军正在渡河，如若我军前去偷袭，实在有违仁义，这样我们哪还算什么正义之师呀！"

楚军渡过河后，很快就排好兵阵，开始战斗。强大的楚军势如破竹，消灭弱小的宋军简直不费吹灰之力。楚军士兵发现了正仓皇逃跑的宋襄公，一箭射中了他的腿部。宋襄公在此战中伤势很重，全仗将士们拼死护驾才得以保全性命。

宋襄公大败而归，宋国百姓纷纷抱怨说宋襄公不应该与楚国交战，既然交战了就不应该坐失良机。宋襄公听到后辩解道："仁义之师不能趁人危难时出兵，而应该以德服人。遇到受伤的人，就不能再对其施加伤害；遇到老人，就不要抓获。这叫作'君子不重伤，不擒二毛'。"

公子子鱼听后啼笑皆非，说："再强大的军队也不应该在险隘的地方列阵，楚军过河是上天赐给我们的良机，为什么不趁着这个机会进攻他们呢？要是不忍心去伤害受伤的敌人，那么从一开始就不要伤害他们；要是怜惜他们当中上了年纪的人，还不如自己投降做战俘！"

宋襄公又气又恼，郁郁而终。他在去世前叮嘱太子说："如果你想为我报仇，击败楚国，只有请晋国公子重耳相助。他是贤能之人，以后会成为天下霸主的。"

〉〉〉卫国左公子卫泄、右公子卫职起兵攻打卫惠公卫朔，卫朔逃往齐国。

◎看世界／印度十六国出现　　　　　◎时间／前600年~前400年　　　　　◎关键词／伽尸 居萨罗 摩揭陀

春秋时期的第一任中原霸主齐桓公死后，固守函谷关的秦穆公和偏居南方的楚成王都想问鼎中原，甚至连宋、郑这样国力微弱的国家也都窥视着霸主之位。晋文公同样野心勃勃，欲称霸中原。晋文公是个聪明贤达、老成持重的人，在长达十九年的流亡生涯中，他和随同的臣子们历尽各种磨难，既锻炼了意志，又增长了阅历。回国当上国君后，在狐偃、赵衰等拥有远见卓识的大臣们的辅佐下，他平息内乱，稳定局势，革除弊政，任用贤能，奖励生产，发展商业，很快使晋国富强起来。公元前632年，城濮一战，晋国大败楚国，称霸中原，晋文公成为继齐桓公之后的第二任霸主。

公元前770年~公元前221年
‖‖‖‖春秋战国‖‖‖‖
晋文公称霸

唯贤是举，以礼教民

晋文公执政后，为了安定民心，稳定朝政，公开招贤纳士，并宣告天下：自己不会计较过去的私人恩怨，将在任用官吏上唯才是用。不久，头须来见。头须曾在晋文公流亡狄国期间负责管理钱财，但他背信弃义，在晋文公离开狄国再度流亡时携款潜逃，远走他乡，害得晋文公等人差点饿死在路上。可晋文公不计前嫌，让他官复原职，仍然管理财务。此后，晋文公又任用了曾经多次刺杀他的勃鞮。

众人见晋文公果然遵守承诺，不计前嫌，行事宽厚仁义，便纷纷安心地为新君做事。

此后，晋文公任命随侍流亡的狐偃、赵衰、先轸等人为国家重臣，又任用了许多外来人才。同时，他还听取下属意见推行改革措施，兴利除弊，减轻了人民的赋税负担，大力发展农业、商业和手工业，并把原晋国的两军扩编为上、中、下三军。晋国大治，日趋富强。

晋文公为了教导百姓知义、知信、知礼，煞费苦心。使民知义，在于教育他们能尊重国君，让民众明白君臣之间应尽的义务。晋文公积极出兵勤王，以自己的忠君之举为百姓做表率；广施仁政，让百姓生活安定。使民知信，在于教育他们能相信、服从国君。晋文公在即将攻陷原国之时，放弃了唾手可得的原国土地，让百姓明白自己不会失信于民。使民知礼，在于教育他们遵守纪律。晋文公设置了掌管官职的官员，更合理地管理、调配国家大臣，以使百姓更加尊重和服从掌权的官员。晋文公深知取信于民则国家强大，失信于民则国家衰弱，因此治国从政当以建立信德为主旨和根本。左丘明在《左传》中

◀（春秋）嵌红铜狩猎纹豆

此铜豆出土于山西浑源李裕村，高20.7厘米，圆腹，盖可卸。通体饰狩猎纹，红铜镶嵌，是春秋时期晋国贵族的盛食器。豆盖和圈足上饰以虎、犀、鹿、鸟等纹。腹部饰以二人手持剑与群兽搏斗，若干鸟兽惊散，下面则有一人正与逃逸的野兽搏斗，整个画面表现出猎人的勇猛和禽兽飞跃奔走的动态美感。

指出，晋文公能在晋楚争霸中获胜的根本原因正是得力于"文之教也"。

"尊王攘夷"，勤王平叛

晋文公励精图治，使晋国逐渐走上了争霸之路。在对外政策上，晋文公也打起了"尊王攘夷"的旗号。不管周王室实力如何衰弱，但名义上周王室仍是掌管天下诸侯的统治者，应为天下各国所尊敬。晋文公要想称霸中原，就必须打着"尊王"的旗号采取行动。

晋文公执政的次年，周王室发生内乱。周襄王同父异母的弟弟太叔子带与朝中部分大臣共谋篡位，勾结狄人攻打都城洛邑。周襄王出逃郑国后，派人向秦晋两国请求援助。虽然此时晋国的政局刚刚稳定，但晋文公觉得在诸侯间提高晋国威信的时机到了，便组织人马火速赶往京都救助周王。见秦军出兵在先，晋文公意识到如果落在秦国之后，不能抢先护送周王回京，将来就无法号令天下。于是，晋文公立即命人赶往黄河边，告知秦穆公说晋国已经发兵保护周王了。秦军无奈，只得撤退。骗走了秦军，晋国得到了独自勤王的机会。于是，晋军打着"尊王"的旗号击退狄军，杀死了谋反的太叔子带，保护周天子回到洛邑。周室内乱平息后，周襄王设宴犒劳晋文公，并将京都附近的河内、阳樊等城邑封赏给他。晋文公此举不仅使晋国获得了太行山南面的大片土地，还提高了晋国在众诸侯中的地位。此后，晋文公又主动派军队帮助秦国攻打依附于楚国的鄀国。晋文公此举，除了巩固秦晋两国关系、补偿秦国在周室内乱时撤兵的损失外，更重要的是让秦穆公以为晋国是在支持秦国称霸。而实际上，晋文公的根本目的是想让秦国把主要兵力布置到秦楚边境，这样自己才能放心地在中原与楚国争夺霸主地位。

多年的流亡生涯使晋文公成为一个有战略眼光的政治家，他采取对秦友好的外交措施，正是为了消除秦对其称霸大业的阻碍。

▶晋文公塑像
晋文公是一位颇有作为的君主。他即位后，实行"明贤良""赏功劳""通商宽农"等政策，积极整顿内政，加强军队建设，发展农业和手工业，使晋国国力大增，出现"政平民阜，财用不匮"的境况。

退避三舍，大胜楚军于城濮

晋文公采取了行之有效的对内、对外政策，使晋国日益强盛。晋国出兵平定王室内乱后，晋文公又想称霸中原。公元前638年，楚、宋两国泓水一战，楚国得胜，宋、鲁、郑、陈、蔡、许、曹、卫等国纷纷转投楚国，受楚国掌控。偏居南隅的楚国势力陡然大增，已严重威胁到中原晋、齐、秦等大国的利益。当年齐桓公称霸天下时，曾将楚国列进"攘夷"的范围中，联合其他诸侯挫其锐气，但并没能打败它。从当时的天下局势来看，如果谁能打败楚国，就能获得周王室的封赏和诸侯的拥戴，坐上诸侯霸主的宝座。

晋国强大后，宋国因惧怕晋国，就背叛楚国依附了晋国。公元前633年，楚成王出兵伐宋。宋国告急，晋文公于次年出兵攻打与楚结盟的曹、卫两国，以解宋国危机。

见晋国出兵替宋国解围，楚成王便命楚将子玉率楚军撤出宋国。可子玉违令，继续北上攻打晋军。

为了兑现晋文公当年流亡楚国时对楚成王许下的诺言，晋军"退避三舍"，在城濮驻扎下来。晋文公此举，首先让人明白晋军为正义之师，而楚军为不义之师，晋军在道义上获得了人们的支持。其次，晋军撤退，不但避免了与来势凶猛的楚军立即决战，也给自己的军队争取到时间，以寻找更好的机会和地理位置。在战术上，晋军的撤退也滋长了楚将子玉的骄傲，《老子》曰："将欲弱之，必故强之。"

楚军见晋军撤退，便紧追不舍。而晋军则边退边观察地形，见自己的供给路线已大大缩短，占得先机，便决定出兵迎战。最后，晋军大获全胜。

晋、楚城濮一役，晋军以少胜多，声名远震。后来，晋文公将战场上缴获的战车、士兵送给了

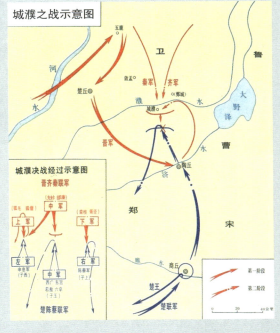

▲城濮之战示意图

公元前632年，晋、楚两国在城濮决战。晋军主动退避三舍，避开楚军锋芒，诱敌深入，然后集中优势兵力，从楚军最薄弱的环节入手，各个击破。最终，晋军凯旋，晋文公成为春秋时期的第二位霸主。

周王。周王大喜，赏给晋文公美酒、宝玉等物以示嘉奖，另外还赏赐了一百副红色弓箭和一千副黑色弓箭，以示晋国拥有自由征伐各国的权力。

公元前632年，晋文公邀请宋、齐、鲁、郑、陈、蔡、邾、吕等国在践土（今河南郑州北）会盟，周王室派遣王子虎前来参加，还册封晋文公为侯伯，其霸主地位正式确立。

同年冬天，晋文公在晋国的河阳（今河南孟州西）再度召开盟会，此次盟会，连秦国、周襄王都应邀到会，晋文公此时的威望已远远超过了当年的齐桓公。

公元前628年冬，执政九年的晋文公离世，公子欢登基为王，史称晋襄公。在此后的一百多年内，一直无人敢与强大的晋国争夺霸主地位。

称霸中原，必先夺郑。因为郑国地处中原腹地，不仅地理位置十分重要，而且农业和商业都比较发达。公元前630年，在秦国的协助下，晋国开始讨伐郑国，郑国告急。郑大夫佚之狐观见郑文公，建议派遣能言善辩的烛之武去游说秦穆公收兵。国难当头，烛之武临危受命，以三寸不烂之舌，机智地游说秦穆公，使秦穆公心服口服，下令退兵。见秦国背晋盟郑，晋文公只好也下令退兵，无功而返。烛之武救郑于将亡之时，其智慧、勇气和爱国精神都为后人所钦佩。

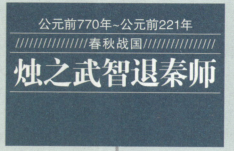

公元前770年～公元前221年
////////////// 春秋战国 //////////////
烛之武智退秦师

秦晋围郑，佚之狐力荐烛之武

当年"骊姬倾晋"，公子重耳出逃时路过郑国，郑国将其拒之门外。城濮大战中，郑国又助楚攻晋，晋、郑交恶。

公元前630年，晋文公邀请秦穆公一同出兵伐郑。晋军驻兵函陵，秦军驻兵汜河南岸，郑国告急。郑大夫佚之狐向郑文公提议，可以派烛之武去游说秦穆公退兵，于是郑文公派人去请烛之武。

一直不受器重的烛之武得知使者来意后，不愿冒险，便拒绝道："我在壮年的时候，能力就不如别人；如今老了，更没有能力做事了呀！"

郑文公听使者回报后，听出了烛之武抱怨早年不得志的话外之意，便主动前去拜访，并向烛之武道歉说："我早年没能重用您，直到国家告急才来求您，是我的过错呀！但如果国家沦陷，对您也没有好处哇！"

见郑文公很有诚意地前来道歉，又想到此时形势紧急，烛之武便接受了郑文公的请求，决定出城去说服秦穆公。

临危受命，智退秦师

秦、晋两军兵临城下，郑国的城门紧闭。烛之武要想出城，就不得不用绳子先绑住自己，再让人从城墙上把自己放下去。

烛之武连夜来到秦营，不等秦穆公开口，便道："秦国和晋国夹击郑国，郑国自知即将覆灭。如果郑国灭亡了对您有利，辛苦您的部下也算是值得的了。可是您知道吗？郑国被灭，秦国也会陷入危险之中！"秦穆公听了不以为然。

◀（春秋）交龙纹鼎

此鼎盖顶部有环形矮支足捉手，直口，附耳，腹深而宽，下承外撇的三兽蹄足。盖顶正中饰一火纹，其外为一圈蟠龙纹和宽带纹。盖面和盖沿以凸弦纹为界，器腹中央设置一周凸起的纹路，并装饰细密的交龙纹。足上部装饰兽首。

〉〉〉纪国国君的弟弟纪季叛国，将酅邑（今山东淄博临淄）献给了齐国。

◎看世界／印度手工业分工细密　　◎时间／前600年~前400年　　◎关键词／纺织业　木材加工业

烛之武接着分析道："您率兵越过晋国来占领遥远的郑国，本来就是一件很困难的事，事实上这样做只不过是帮助晋国来吞并郑国，对秦国来说，这样做值得吗？晋国增强了实力，相对是在削弱秦国的实力呀！如此一来，秦国不是在给自己制造威胁吗？"秦穆公听了，觉得言之有理，这才整理好衣服坐正，诚恳地向烛之武求教。

烛之武深知只陈说利害关系并不能让秦自愿退兵，便说："不如这样，您留下郑国做贵国在东路上的朋友吧，秦使经过的时候，郑国可以给他们提供短缺的物资，这是有百利而无一害的事啊！"秦穆公听后，默默地在心里权衡利弊，难下决断。

见秦穆公犹豫不决，烛之武又援引历史教训来刺激秦穆公，他说："晋国向来只重利益不讲信义。您还记得吗？晋君曾许诺送给您焦、瑕两个城邑，可他们早上刚渡过黄河回到晋国，晚上就开始修筑城墙以防您向他要那两个城邑，这事儿您是知道的呀！还有，您曾经助晋惠公获得君位，并在晋国遭灾时赠送给晋国许多粮食，帮助他们赈灾。可后来秦国遭受大灾时，他们不但袖手旁观，还出兵攻秦，趁火打劫。"提及旧事，秦穆公不由得怒火中烧。

烛之武继续游说："晋文公何曾有过满足的时候？现在郑国已经被他当作晋国的东部边界了，可他还打算扩大领土。那时，除了向西扩张，损害秦国的利益，晋国还能从哪里夺得土地呢？"

秦穆公仔细考虑后，觉得烛之武所言极是，助晋伐郑对自己来说根本就是有百害而无一利的事，于是他便与郑国结盟，班师回秦。

虽然秦穆公没有助晋伐郑，但他也不想就此放弃控制郑国的机会。于是，秦穆公在与郑国结盟后，便派遣杞子、逢孙、杨孙三人以帮助郑国加强防御为由，率军驻扎在郑国都城新郑的旁边。

▲烛之武夜入秦营

烛之武在两国交战之际，孤身潜入秦营，面对强敌不卑不亢，侃侃而谈，终于说退秦军。

见秦国背晋盟郑，晋国大夫狐偃非常生气，便向晋文公请求攻打秦国。晋文公拒绝道："秦国曾有恩于我，我不能这么做。如果当初没有秦穆公帮忙，就没有我的今天。如果现在去攻打秦国，实为不义。况且失去秦国这样强大的同盟国，不利于我们控制天下，这样做是不明智的。我们还是回去吧。"于是，晋军也撤兵离开了郑国。

烛之武智退秦师，化解了郑国的危机，但由于他同意了秦国驻兵在郑都周边，所以他只是解决了眼前的困难，却给郑国留下了隐患。

晋文公、秦穆公相继去世后，两国失去了优秀的国君和执政者，而先前的霸主齐国也无所作为。于是，后起的楚庄王开始成为中原的主宰。楚庄王虽年轻，却颇有心计。他蛰伏三年后一鸣惊人，积极改革内政，出兵讨伐百蛮，使之归顺。待政局稳定、国力大增后，他又出兵与强晋争霸逐鹿中原，终成霸业，成为历史上著名的"春秋五霸"之一。当然，楚庄王能成就霸业，固然是因为他具有雄才大略和远大抱负、善于用人，但与楚国前几任君王的勤勉治国也是分不开的，其中，楚文王迁都于郢的壮举更是功不可没！

公元前770年~公元前221年
//////////春秋战国//////////
楚庄王问鼎中原

陈兵中原，试问鼎之轻重

楚国向来被中原诸国视为"攘夷"的对象，备受排挤和轻视。因此，楚国出兵讨伐中原极具报复性。楚庄王也不例外。他在改革内政的同时，积极加强军备，为称霸中原做准备。

公元前606年，楚庄王亲自领兵攻打陆浑一带的戎族。在行至周朝领地时，他检阅部队，以此显示楚国势力的强大，威吓周天子。得知此消息后，周定王惊慌失措，立即派大臣王孙满去犒劳楚国军队。楚庄王在交谈中问王孙满："周王室中的九只鼎究竟有多大，有多重？"这一问题把王孙满惊呆了。因为九鼎是天下九州的象征，也是国家政权的象征，标志着周天子的尊严，从来不容许任何人过问。此时楚庄王的问话，不就意味着想夺取天下、问鼎中原吗？

机智过人的王孙满马上冷静下来，镇定自若地回答道："鼎的大小轻重在于德而不在于鼎本

身。过去虞夏昌盛时，边远的国家都来朝贡，便让九州的首领进贡青铜，铸成九鼎，其上绘了许多山川、物产及各种怪异之物，好让百姓知道远离危害人们的怪物。后来夏桀道德败坏，鼎便被迁到殷，商朝延续了近六百年。商纣王残暴荒淫，鼎又被迁到周朝。如果天子有德，鼎虽小却也移动不得；如果天子道德败坏，鼎即使再大也容易移动。当然，上天给圣主明君赐福也是有时限的。过去周成王把九鼎安置在郏鄏，占卜说过可以传世三十代，立国七百年，这是上天的意旨。如今周王室虽然衰微，可时间没到，上天的意旨难以改变。大王询问鼎的轻重，确实不应该呀！"

楚庄王考虑到周王室在诸侯间仍然具有一定的影响力，而且自己此时尚不具备灭掉周朝的势力，于是，他炫耀一番武力之后便离开了周地。

▲（战国）方耳卧牛钮鼎

此鼎也称牢鼎或升鼎。鼎口圆形，口沿两侧附一对长方形附耳，圆腹，圜底，下接三条兽蹄形足，足与腹部连接处饰兽头。鼎盖上有三个立雕的卧牛钮，以子母口和鼎身扣接。腹部有一道凸棱弦纹，腹部和鼎盖饰蟠螭纹带。

◎看世界／雅典出现"平原派"　　　　◎时间／前594年　　　　◎关键词／氏族贵族

子越椒 "狼子野心"

当时，子文是楚国令尹，育有一子名叫子扬。子文的弟弟子良也有一子，名叫子越椒。子越椒出生时，子文根据他的相貌断言道："此子不可留下。他的哭声像狼嗥，长大后必定是祸害。俗语说：'狼子野心'，子良你必须杀掉他，不然我们族中会有人因他而亡。"但"虎毒不食子"，子良怎么舍得杀掉自己刚刚出生的儿子呢？子文见状，只得嘱咐家中众人，待到子越椒成人后，大家要远离楚国，躲避灾祸。

两个孩子慢慢长大了，子越椒当上了大官，子扬也在子文过世后承袭了父亲的令尹之位。子扬没有依照父亲的嘱咐远离楚国，最后果然被嫉妒他位高权重的子越椒派人暗杀了。夺得令尹之位后，野心勃勃的子越椒蓄积力量，图谋不轨。渐渐地，楚庄王和朝中大臣们都对他生出了戒心。楚庄王在公元前606年亲自率兵讨伐戎族，让司马代替自己暂时管理楚国，子越椒不服，遂诛杀了暂时监国的司马。随后，子越椒又带领手下埋伏在城外，准备刺杀楚庄王，夺取君位。

公元前605年，楚庄王讨伐完戎族，在回国的路上，遭到子越椒的伏击。子越椒拉弓射箭，第一支箭穿透了车辕、鼓架，深深地钉在了战鼓后边的铜钲上。第二支箭穿透了车辕和战车伞盖的中心骨架，朝着楚庄王飞来，楚庄王躲开了。

楚庄王躲过两箭后，安抚受惊的将士道："先祖文王攻灭息国时，曾获三支利箭，子越椒只偷走了其中两支。现在，他已将偷走的两支箭射

▲楚庄王平乱子越椒
子越椒妄图弑君夺位，在偷袭楚庄王时连射两箭均不中，最后被楚庄王诛杀。

完，下面就该我们反击了！"说着，楚庄王敲响了战鼓，楚军士气大振，一举消灭了叛乱的子越椒一党，并诛灭了其宗族。

此后，楚国心怀异志的贵族宗亲势力都被一一消灭，楚庄王牢牢地掌控住了楚国大权。

邲之战，确定霸主地位

楚庄王问鼎中原后，为了抢夺郑、陈、宋三国土地，晋楚两国连年征战，其中为夺郑引发的战事最多。仅公元前606年后的八年间，楚国出兵伐郑多达七次，且屡屡告捷，逐渐在与晋的争夺战中占据了上风。

楚庄王明白，伐郑不如攻晋，只有彻底打败晋国，楚国才能称霸中原。而强大的晋国绝不会轻易放弃霸主地位，因此晋、楚两国之间的决战无法避免。

公元前597年，楚庄王亲自领兵伐郑，晋楚大战在邲（今河南郑州东）拉开了帷幕。在这次战斗中，晋军虽然兵力强大，但由于军队统帅之间存在意见分歧，不能统一有效地指挥军队对敌作战，楚军抓住了晋军这一弱点，晋军一击即溃，遭到重创。

楚国大夫潘党向楚庄王进谏道："晋军已溃不成军，此时是追击的最佳时机，不如将他们一网打尽！"楚庄王不以为然，回答道："楚国自从城濮之战输给晋军后，一直不敢与晋国争锋。这次完胜，足以一雪前耻，何苦再多杀人呢？"

于是，楚庄王以胜利者的身份在衡雍（今河南原阳西南）修建了楚先君宫殿，祭祀了黄河，举办庆祝大会后班师回楚。

| ◎看世界／雅典出现"海岸派" | ◎时间／前594年 | ◎关键词／工商业者 |

◀（春秋）铜方壶

此铜方壶出土于河南淅川下寺遗址的春秋一号大墓，高79厘米，颈修长，腹扁鼓，壶身装饰有细密的蟠虺纹。据考证，此壶为春秋时期的酒器。

在邲之战中，楚国大胜，士气大增。此后，楚军进攻之势更加难以阻挡。楚军相继攻打了几个与晋结盟的国家，而晋国却敢怒不敢言。

公元前595年，楚庄王出兵伐宋，大军直逼宋国都城，围困九个月后，宋国投降。不久，齐、鲁等国与楚结盟。从此以后，偏居南方的楚国逐渐深入到中原腹地，势力锐不可当，楚庄王实现了祖辈们"观兵中国，争霸中原"的夙愿，成为历史上著名的"春秋五霸"之一。

楚国连年征战，人民负担很重，但楚庄王自有一套对内安抚民众的政策。他尽量做到不影响农业生产，体谅民众的难处，还采取了很多行之有效的措施发展经济，因而获得了百姓的称道和支持。在对外战争中，他采用了恩威并施的策略，重视以德服人，不以夺得土地为最终目的。因为他安邦治国有道，对外战争有德，才得以在春秋历史上写下楚国称霸的华丽篇章。

〉〉〉周僖王姬胡齐去世，其子姬阆即位，是为周惠王。

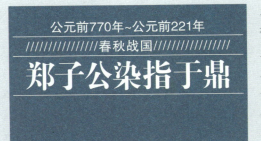

公元前770年~公元前221年

////////////春秋战国////////////

郑子公染指于鼎

公元前605年，楚国派使臣将一只大鼋献给了郑灵公。郑灵公很高兴，准备用此鼋宴请群臣。事前，郑国大臣子公告诉同朝为臣的子家说，自己食指大动，是品尝美味的先兆。郑灵公知道子公的预言后，心里很不是滋味，他不甘心被子公抢去风头，于是在分羹的时候故意不分给子公。子公不识时务，染指于鼎，致使君臣反目，酿成血案，郑国大乱。这件谋杀惨案源于口腹之欲，致使国家陷于危难。由此可知，治国平天下的根本便是古人一再强调的"去人欲，存天理"，"克己复礼"。为了满足口腹之欲而放纵自己，将会招致杀身之祸。

子公的特异功能

公元前605年，楚国送了一只大鼋给郑灵公。郑灵公得鼋后大喜，因为他从来没有吃过鼋肉，不知道味道如何。于是，他立即命宫中御厨煮来尝尝。

此时，准备入朝觐见的大臣子公忽然发现自己食指跳动，便笑了出来。同来朝见的大臣子家好奇地问他为何发笑，子公便得意扬扬地回答："今日我们要大饱口福了！"子家不解。子公解释说："你不知道，我的食指很有灵性。一旦毫无缘由地跳动，就预示着我将能吃到美味。上一次我作为使节去晋国时，食指大动，于是尝到了石花鱼。后两次去楚国，都出现食指跳动的现象，果然

又品尝到了天鹅肉和合欢桔。这些珍奇美味真是令人难忘。今日食指跳动得很厉害，不知道我们要品尝到什么稀罕东西了！"听完子公的话，子家一点儿也不相信，觉得这不过是巧合而已，没有什么神奇的地方。

子公面带微笑，不再解释。

二人走到宫门附近，看见人来人往，且都面露喜色，还有人不断催促着一个屠夫赶快进宫。子家便问其中一个人："宫中有何事而急着找屠夫哇？"那个人回答说："楚国使臣送给君王一只从汉江捕来的大鼋，君王很高兴，准备宴请群臣，要我们赶紧找来屠夫杀掉这只大鼋，然后做成羹汤。"

子公听闻后，哈哈大笑，得意忘形地说："你看我说得没错吧！美味当前，这次你总该相信我的食指有多么灵验了吧？"子家对子公的话深信不疑。二人在宫中望见那只大鼋后，相视会心而笑。到了觐见郑灵公时，两人仍然微笑不止。

▶（春秋）廖北鼎

此鼎呈俯视圆形，有两拱形立耳，敛口，斜直壁，圆底，下有三兽蹄形足。鼎腹有两道弦纹，其余光素。一耳断后补缀完整，口沿有裂痕，表面多处有红色及黄色锈斑。

意气之争酿血案

郑灵公被二人笑糊涂了，好奇地问："你们这是为何事发笑？"

子家回答道："刚才在来的路上，子公的食指突然跳动。他告诉臣说只要他的食指跳动，便预示着将要尝到美味。起初我也不相信。不曾想来到宫中，果然见君王您欲烹煮大鼋，宴请群臣，我这才觉得子公所言果真灵验，因而忍不住笑了。"在旁的子公也面露得意之色。

郑灵公听后，心中十分不悦，便说："好吧，子公的指头灵不灵，一会儿就知道了！"

早朝完毕后，大臣们都等着品尝大鼋。子家察觉到了郑灵公的不悦，对子公说："虽然真有美味，但如果君王不给你品尝，那该如何？"子公气定神闲地回答道："不可能。众臣皆有，怎么可能单不赏赐我呢？"

大鼋烹煮完毕时已是正午，郑灵公将鼋羹分赏给群臣品尝，唯独没有给子公。郑灵公故意说道："子公，你的食指不是很灵验吗？现在我就偏不让你品尝鼋羹，让你明白，究竟是你的食指灵验，还是我的封赏灵验！"

群臣获赏，连低贱的百石小官都能获赐鼋羹，唯独他这俸禄两千石的朝廷重臣未分一杯羹。子公觉得自己遭受了极大的屈辱，怒气顿生，冲到郑灵公面前，当着众人将自己的食指放进盛有鼋羹的鼎中，然后对郑灵公说："我已经品尝到美味了，您不能说我的食指不灵验了吧？"说完，愤然离去。

郑灵公见状，怒不可遏，正想下令杀掉子公，众人纷纷离席为子公求情，这才消减了郑灵公的怒气。

子公愤然离宫后，听闻郑灵公想杀他，心下思忖：与其在家等着被杀，还不如起兵造反，或许能留条活命，也能解未分鼋羹之恨。于是，子公便在暗地里招募死士，还挑唆子家一同造反。此后，他们用重金收买郑灵公身边的近臣，趁郑灵公祭祀后在斋宫休息时，半夜潜入斋宫，用装满沙土的沙袋压死了郑灵公，然后向外界宣布其突发恶疾，暴病身亡。

郑国历经一场大乱后，郑灵公的儿子公子坚登基即位，史称郑襄公。子公、子家蓄意弑君的恶行被披露出来，二人被新君处斩。

这个故事，便是成语"染指于鼎"的由来，常被人们用来比喻占取非分的利益而惹来杀身之祸。

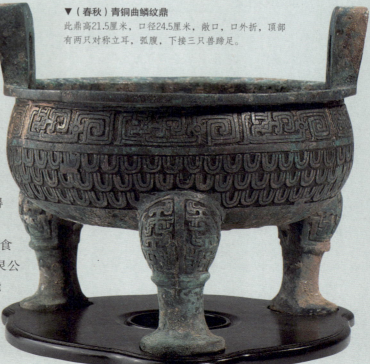

▼（春秋）青铜曲鳞纹鼎

此鼎高21.5厘米，口径24.5厘米，敞口，口外折，顶部有两只对称立耳，弧腹，下接三只兽蹄足。

◎看世界／新巴比伦入侵埃及　　　　◎时间／前567年　　　　◎关键词／阻止埃及进军

公元前601年，晋大臣赵盾去世后，昏聩无能的晋景公开始宠信曾被赵盾革职的佞臣屠岸贾。公元前597年，屠岸贾挑唆晋景公诛灭赵氏一族，赵盾的后代赵朔、赵同、赵括等都惨遭"下宫之难"，只有赵朔的夫人幸免于难，为赵氏留下了一条血脉，即赵武。赵武在赵朔的门客程婴和公孙杵臼的保护下幸存了下来，并由程婴抚养成人。赵氏被灭门，是晋国历史上的一次重大事件。从表面上看，此事好像是晋国公族为了遏制卿大夫势力而采取的非常手段，但其本质却是栾氏一族为了自己的利益而不择手段地消灭政敌。赵氏一族的悲剧正是晋国内部卿大夫之间矛盾尖锐化的表现，也是他们之间矛盾激化的必然结果。

公元前770年~公元前221年
春秋战国
赵氏孤儿

"当年臣子赵盾弑杀晋灵公，十恶不赦，应当诛其九族。"此事得到赵氏的政敌栾氏和郤氏家族的大力支持。不久，昏庸的晋景公便任由屠岸贾出兵下宫，杀害赵氏一族，赵朔、赵同、赵括、赵婴齐等人全部惨遭毒手，赵氏一族遭遇灭顶之灾。只有赵朔的夫人，即晋成公的姐姐因回宫省亲而幸运地躲过了此劫。当时赵朔夫人已经有孕在身，如果她能生下一个男孩，那么赵氏便有了后人。所以，想要保护和想要诛灭赵氏的人，都把目光锁定在了这个还未出生的小孩身上。

灭门之祸从天而降

晋襄公执政后，在大臣赵盾的辅助下，励精图治，使得晋国越发强盛。晋襄公去世后，他的儿子晋灵公登基即位。

晋灵公为人残暴，荒淫骄奢，百姓深受其害。赵盾时常劝诫晋灵公，晋灵公因而非常憎恨他，赵盾为了保命，不得不逃离了晋国。不久，赵盾的兄弟赵穿发动叛乱，弑杀了晋灵公，扶持晋襄公的弟弟即位，史称晋成公。不久，赵盾又回到晋国继续辅佐晋成公，他的儿子赵朔与晋成公的姐姐结为了夫妻。晋成公去世后，他的儿子晋景公登基。晋景公在赵盾死后，宠信曾被赵盾革职的佞臣屠岸贾，还让他当了司寇。

屠岸贾十分憎恨赵盾。虽然赵盾已死，但为了得掌晋国大权，屠岸贾还是挖空心思要除掉赵氏一族。公元前597年，屠岸贾鼓动晋景公道：

▲程婴舍儿保赵孤

程婴舍弃自己的孩子，换下赵氏孤儿，而且背负卖友的恶名，忍辱偷生，终于把孤儿抚养成人。这种舍己救人、矢志不渝的精神在后世广为传颂。

◎看世界／释迦牟尼出生　　　◎时间／约前565年　　　◎关键词／佛教创始人　乔达摩·悉达多

大义忠仆临难援手

赵朔惨遭杀害后，他先前的门客公孙杵臼和程婴不期而遇。公孙杵臼质问程婴道："主公已被杀，你为什么苟且偷生？"程婴回答道："不是我怕死，而是主公对我有知遇之恩，如今他的夫人身怀赵氏血脉，我还不能死。如若夫人生下个男孩，我就将他抚养长大，好替主公一家报仇；如若夫人生下个女孩，我会立即追随主公而去。"公孙杵臼听后十分感动，便与程婴结为生死之交，约定一同救助赵氏后代。

怀胎十月后，赵朔夫人在宫中产下一子，取名赵武。有一次，为了躲避屠岸贾的搜查，赵朔夫人将刚出世的孩子藏于裙中，幸好孩子听话，没有哭泣，才幸免于难。之后，程婴找到公孙杵臼，两人商议如何保护赵氏血脉。公孙杵臼问程婴："你觉得把赵氏孤儿抚养成人和死比较起来，哪个困难？"程婴说："当然是抚养孩子难。"公孙杵臼听后，向程婴道出了自己的计划。他希望程婴能念及与赵朔的情分，承担起照顾赵氏孤儿的重任，而自己则选择死亡。

原来，公孙杵臼设计的是一个调包计。他让程婴寻找一个年龄相仿的婴儿和赵氏孤儿对调。这时，正好程婴的妻子刚生下一个孩子，程婴就把自己的孩子带上，同公孙杵臼一起逃往永济境内的首阳山，而让妻子抱着赵武朝相反的方向逃跑。得到消息的屠岸贾领兵追赶程婴和公孙杵臼二人，并口

出狂言说如果找不到赵氏血脉，就杀光晋国的所有新生男婴。被围堵在山中的程婴假装无可奈何地走了出来，对屠岸贾说："看来程某今天是无法保住赵氏血脉了。既然如此，将军如果赏我千金，我就将孩子奉送给您。"屠岸贾答应了。于是，程婴带着屠岸贾找到了抱着孩子在山中藏匿的公孙杵臼。这时，公孙杵臼假装大怒，在众目睽睽下破口大骂，骂程婴为了钱财居然背叛逝去的主公。他还央求屠岸贾杀了自己，但别杀无辜的孩子。屠岸贾当然不肯，当着程婴的面将孩子和公孙杵臼活活砍死了。

赵氏遗孤终成人

公孙杵臼死后，程婴忍辱负重，担着背信弃义、卖主求荣、残害忠良的骂名。为了抚养赵氏孤儿，他改名换姓，躲进了山中。

在赵武十五岁这年，晋景公常常做噩梦，为此痛苦不堪。于是晋景公请来占卜师为其占卜，占卜师告诉晋景公说，是因为他错杀忠良而患病。与赵氏交好的大臣韩厥抓住这个机会，趁机进言道："当年立下了赫赫战功的赵氏一族因受屠岸贾陷害，惨遭灭门之祸，当时天下人都大呼老天不

▶（春秋）青铜炉灶
这件青铜炉灶由灶体、釜、甑和烟筒等部件组成，总高160厘米。灶体内壁有许多小凸齿，用来搪土挂泥，这样既可以使炉膛中的热量集中，提高燃料利用效率，又可以防止炉灶烫伤人。

公。如今是为赵氏昭雪、重新重用赵氏后人的时候了。"深信因果循环、善恶有报的晋景公闻言后，立即下旨恢复赵氏一族的名誉，然后命人寻找并接回了赵武和程婴，还将赵氏原来的俸金和封邑都赐还给了赵武。后来，晋景公又下令，让赵武诛杀了佞臣屠岸贾。至此，赵氏的冤情和程婴、公孙杵臼的忠烈才大白于天下。

真相大白后，恢复了名誉的程婴觉得自己的使命已完成，便想追随赵朔、公孙杵臼而去。只有这样，十几年来深受丧子、丧友、忍辱负重之痛，满怀对杵臼早死的愧疚的程婴才可以得到解脱。事实上，他选择这样做，也是为了证明自己当初苟且偷生绝非本意。赵武得知后，在程婴面前磕头大哭，请求程婴不要离去，可决心已定的程婴还是自刎身亡。于是，赵武为祭奠程婴建立了祠堂，并守孝三年。

人们为了表达对程婴、公孙杵臼两人忠心救主、矢志不渝精神的钦佩，将他们救助赵氏孤儿的故事改编成戏剧搬上了舞台，使之流传后世。

再合诸侯，三合大夫

公元前546年，晋平公执政时期，赵武被拜为正卿，协助晋平公管理朝政。他不主张以武力四处征伐，建议晋平公减免各盟国对晋国的进贡，还强调只有以礼治国、平天下，国家局势才能趋于稳定。宋国向戌提议举行弭兵大会，正好符合赵武偃武修文的政策。于是，赵武作为晋国的代表主持了在宋国国都举行的弭兵大会。赵武在会盟时，一直表现出息事宁人的态度，重视信义，尊崇礼让，促使这次弭兵会盟取得了实质性的成效。赵武任职期间，所参与的最重大的外交活动就是主持这次晋楚弭兵大会，他在各国的影响力也因此得以扩大，从而巩固了赵氏在晋国的政治地位。

▲（春秋）青铜镀金虎头

此器物是春秋时期战车上的一种装饰物。古代战车一般由独辀（辕）、两轮、方形车舆（车厢）构成，前面驾四匹马或两匹马。车上有甲士三人，中间一人为驱车手，左右两人负责搏杀。春秋时代，战车成为战争的主力和衡量一个国家实力的标准，人们常用"千乘之国""万乘之国"来形容国家军事力量的强盛。

无论是在处理内政，还是对外交流上，赵武都坚持走稳妥、平和的政治路线。虽然他的功绩没有超过祖辈，但他有效地保住了晋国的实力，使晋国在与楚国的斗争中并没有明显居于劣势，维护了晋国的霸主地位，政绩仍然值得人们称赞。

赵武曾"再合诸侯，三合大夫"，多次举行盟会保护弭兵之盟的成果。晋平公十七年（前541），赵武过世。去世前，赵武在虢（今河南郑州北古荥镇）地召开了生平最后一次盟会。会议召集了楚、齐、宋、卫、陈、蔡、郑、许、曹等国，重申在弭兵会盟中共同签订的协议，各国间的停战状态得以继续维持。

◎看世界／居鲁士灭亡米底　　　◎时间／前550年　　　◎关键词／波斯帝国建立

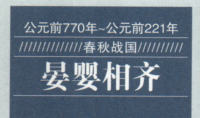

公元前770年~公元前221年
///////////春秋战国///////////
晏婴相齐

晏婴，又称晏子，春秋后期齐国著名政治家、思想家、外交家。公元前556年，他接替父亲晏弱出任齐国宰相，在此后的四十余年里，先后辅佐了齐灵公、齐庄公、齐景公三朝君主。任职期间，他敢于直言以谏以正君过，为富民强国而实行礼治，主张轻徭薄赋，近贤远佞，礼贤下士，勤俭反奢。他重视民意，善于发现人才，且唯才是举。在危机重重的外交舞台上，他机警敏捷，不坠国威。可以说，正是有了晏婴，国力一直都在走下坡路的齐国才能在群雄争霸中保住大国地位，因而他被后人称为"一代名相"。司马迁就曾说他是齐国历史上唯一能和管仲相提并论的贤相。刘向也称赞晏婴"尽忠极谏道齐，国君得以正行，百姓得以亲附"。

以礼治国，宽政惠民

晏婴任职期间，齐国王室日渐衰败，大夫专政的现象日益严重。为争权夺位，儿子杀死亲生父亲、大臣杀死君主、兄弟之间互相残杀争斗的现象屡见不鲜。

为了平息内乱，安定社会，将"礼崩乐坏""国运靡常"的齐国重新推上霸主地位，晏婴下决心推行礼治，提出了以礼治国的主张，并

予以实施。他还劝谏齐景公以身作则，以起到守奉礼法的表率作用。经过一段时间的治理，齐国在一定程度上得以维持桓公霸业的余威而不再衰落，不但没有失去大国的地位，还时时彰示威力于诸侯之间。

齐景公是个生活奢侈的人，他治理下的齐国赋税繁杂，各种刑罚也很重，统治者与人民之间的矛盾非常尖锐。为了缓和矛盾，晏婴实行了很多改良措施，主要是减税省刑，以德治民。

有一次，齐景公想给晏婴换一所新宅，但晏婴说自己的旧宅接近市区，有利于体察民情，拒绝

▶晏婴使楚
晏婴，字仲，谥平。传说晏婴五短身材，貌不出众，但足智多谋，刚正不阿。晏婴出使楚国时，面对楚王的刁难和羞辱，他巧思善辩，维护了齐国国格和尊严。

了。齐景公戏问道："你既靠近闹市居住，可知晓物价如何？"晏婴答道："我的住所离闹市很近，当然知道物价如何了。"齐景公又问："那么，哪些东西贵、哪些东西便宜呢？"晏婴马上说道："四肢贵，鞋子便宜。"齐景公听罢，一下子明白了晏婴的意思是说刑罚太重了，因为自己多处人以刖足之刑，所以他立刻下令减轻刑罚。

晏婴建议减轻过于严厉的刑罚，反对对百姓随便实施酷刑，这使当时齐国日益激化的社会矛盾得以缓和，百姓因此能够安居乐业。总之，晏婴的主张有着非常积极的社会作用。

选贤任能，反奢倡廉

晏婴治国的首要方法是任用贤能义士，惩罚奸佞之徒。他觉得，若想将国家治理好，大量的贤能之人是必不可少的。他提倡注重考察人在社会交际中、现实生活中关键时刻的表现，而不是仅凭别人的一面之词来评判一个人；他还主张任用人才不能要求其是全才，要发挥其特长，不能对其缺点过分追究。

《史记》中曾有这样的记载：晏婴的车夫原本非常傲慢，不知为什么，竟突然变得谦恭起来。晏婴见他变化巨大，心中疑惑，便问其缘由。原来车夫的妻子通过门缝看到丈夫在驾车的时候神情骄矜，便说："晏婴身长不过六尺而为齐国之相，名声传遍天下。今天我见到他外出时神情安详，若有所思，十分谦恭。而你空有八尺的身高，给人做车夫就不说了，为什么神态还那样骄傲呢？"车夫听了十分惭愧，决定痛改前非。晏婴看到车夫能够听取妻子的意见，自我改过，就把他引荐给齐景公为大夫。

晋国派兵进攻阿、甄两地，燕国趁火打劫，侵略齐国。在齐国军队连连败退之时，晏婴又向

▲齐景公射箭图

齐景公原名姜杵臼，在位时有名相晏婴辅政。据史书记载，齐景公"好治宫室，聚狗马、奢侈，厚赋重刑"，且喜欢打猎，但箭法却不高明。齐景公在位五十八年，是齐国执政时间最长的一位国君。

齐景公引荐了田穰苴。田穰苴不负众望，收复了丢失的全部土地，保卫了齐国。

晏婴不但提倡任用贤能之士，还提倡严惩奸佞。他提出：奸人不除，能人不来；谗佞不灭，忠臣不任。而且，最重要的是要除掉围绕在君主身边的馋佞之徒，以免后患无穷。

齐景公做国君的时候，齐国最为严重的问题就是腐败和奢靡。晏婴"以节俭力行重于齐。既相齐，食不重肉，妾不衣帛"。晏婴接连多次拒绝了齐景公命梁丘据送来的华丽马车和宝马，并且很诚心地对齐景公说："主公命我总领文武百官，我当带头节衣缩食，以给群臣、百姓做好榜样。但即使这样，臣仍然担心他们生活奢侈，行为不检点。主公现在乘坐好车骏马，臣如果也乘坐，那么百官、百姓就会不守礼数，生活奢侈，那就不好管理了。"

晏婴提倡勤俭，此举不但扭转了齐国原来奢靡腐败的政治风气，同时也大大减轻了百姓的负担，使得国家繁荣富强，民心安定。

▲齐晏子巧辩服荆蛮图

晏婴能言善辩。在出使楚国时，楚王想用齐国的小偷来羞辱齐国，晏婴巧妙地用"橘生淮南则为橘，生于淮北则为枳"的比喻使楚王自取其辱。

晏子使楚，不辱使命

晏婴位居齐相，经常替国君接待他国来使或者出使别国。在邦交活动中，晏婴每次都能凭借其机敏善辩和博学多识，出色地完成任务，维护齐国的尊严。

有一次，晏婴出使楚国，当时楚国强大而齐国衰弱，楚王想戏弄晏婴以显示自己的威风。于是，楚王和众大臣给晏婴设计了很多陷阱，想让晏婴出丑。楚王了解到晏婴个子不高，就特地命人在城门的一边凿了一个狗洞大小的门。待晏婴到了城门前，就紧闭城门，让他从那个小门进城。

晏婴见到这种情况，便对出门迎接他的楚国大臣说道："出使狗国，使者才会从狗洞进城。我是奉命前来出使楚国的，难道让我走狗洞吗？"楚王十分恼怒，但不得不打开大门，用接待大国使臣的礼节接待晏婴。

晏婴面见楚王时，楚王还想报复，便鄙视地问道："齐国难道没有人了吗？怎么派你来呢？"晏婴马上回答说："齐国首都临淄有很多百姓，人们一起举起袖子能把太阳挡住，每人甩一把汗就跟下雨一样。街上人摩肩接踵，怎么能说没人呢？"晏婴停了一下，继续道："之所以派我来楚国，那是因为我国的使臣各有各的分工。出使贤明国家的使臣都是贤能之士，无能之人只能出使无德的国家。我是其中最笨、最没有才干的，所以被派到这里来了。"楚王自找没趣，无言以对。

随后，楚王摆上酒菜招待晏婴。酒过三巡，有个士兵故意带着一个被捆着的人面见楚王，楚王装腔作势地问道："这个人是怎么回事？"士兵连忙答道："此人乃齐国人，在我们楚国偷东西的时候被抓了。"楚王听罢扭过头望着晏婴，假装吃惊地说："哎呀，莫非齐国人都有偷东西的嗜好吗？"晏婴道："我听说，橘树生在淮南就长出橘来，若是生在淮北则长出枳来，这是因为两地的水土不一样。我们面前这个人原来在齐国时不偷不抢，来到楚国竟然学会了盗窃。难道楚国的水土能让人变成盗贼吗？"这一番话让楚王有口难辩，只得草草收场。

晏婴思维敏捷，能说会道，在内为相时管理国政，辅佐齐王；在外为使时灵活机智，不辱使命。司马迁发自内心地称赞他道："其在朝，君语及之，即危言；语不及之，即危行。国有道，即顺命；无道，即衡命。以此三世显名于诸侯。""假令晏子而在，余虽为之执鞭，所忻慕焉。"

◎看世界／大流士改革　　　　◎时间／前518年　　　　◎关键词／帝国强盛

公元前496年，夫差接过父亲阖闾的王位，成为吴王。在登基之初，他谨遵父亲的遗志，励精图治，以图灭越。他以伯嚭为太宰，又派老将伍子胥与孙武训练军队，很快便使吴国实力大增。在他即位的第二年，吴国就在夫椒（今江苏无锡西南）打败了越国。公元前482年，夫差又一鼓作气，大会诸侯于黄池，取得了霸主地位。可惜好景不长，因为多年来兴兵不止，民不聊生，吴国国力逐渐衰退。加之夫差本人又刚愎自用，错杀伍子胥，最终功败垂成，反为越国所灭。

> **公元前770年~公元前221年**
> //////////春秋战国//////////
> ## 夫差称霸

不但将会稽城占领，还包围了会稽山。

为了保命，勾践听从了大夫范蠡和文种的主意，派文种带着越国的美女和财宝到吴国见伯嚭，请他劝说夫差准许越国成为吴国的属国。

夫差这时正忙于和齐国争霸，就听从了伯嚭的建议，率军回国。

夫差同意了与越言和，没有一鼓作气将其灭掉，这为以后勾践卧薪尝胆、积蓄力量消灭吴国埋下了祸根。

不忘父仇，夫椒之战展雄威

打败楚国后，吴国成为南方强国。吴王阖闾雄心勃勃，想向中原扩张势力，但吴国南边的近邻——越国国力也日益强盛，使得阖闾很不放心自己的后方，因此他决定先攻打越国。

公元前496年，吴军侵越，但不幸大败，吴王阖闾负伤身亡。临死前，他嘱咐儿子夫差为他报仇。

夫差为了鞭策自己，让一个臣子站在宫门口，每当他出入宫门时，那人就对他高喊："夫差，你忘了你父亲的仇了吗？"夫差每次都流着泪说："不，不敢忘，一定要报仇！"随后，夫差让伍子胥和伯嚭抓紧训练军队，以图早日报仇。

吴国这边紧锣密鼓地准备攻打越国，越王勾践得知后决定先发制人。

公元前494年，勾践不听大夫范蠡的劝阻，出兵攻吴。夫差得到情报以后，带着吴国全部精兵迎战越军。双方战于夫椒，越军大败。勾践率众退守会稽山（今浙江绍兴东南）。吴军一鼓作气，

▲夫差轻信伯嚭与越言和图

吴国在夫椒之战中大获全胜，将越军围困在会稽山。越王勾践派文种以美女、财宝贿赂吴太宰伯嚭，请其劝说吴王夫差准许越国附属于吴国。夫差不听伍子胥劝谏，答应与越言和，使越国得以延续并最终攻灭吴国。

黄池会盟，一圆霸主梦

夫差在会稽山没有听用伍子胥的谏言，而是采纳了伯嚭的存越之策。与越议和之后，他将越国视为无足轻重的草芥，忙于进攻北方各国，以图称霸中原。

吴国于公元前489年攻打陈国，公元前487年攻打鲁国，公元前486年开邗沟，公元前484年歼齐军精锐于艾陵（今山东泰安）。经过上述征战，夫差于公元前482年率领大军与鲁、宋、晋等国诸侯会于黄池（今河南封丘西南），他想仗着自己这些年征战赢得的资本威服各国君主，使他们甘心奉吴国为霸主。

然而就在此时，已被夫差忘于脑后的越国伴随着一份紧急情报再次出现在夫差的面前。原来，勾践趁夫差北上争霸、国中空虚之时，率兵抄了吴王的后路，现已经攻到国都姑苏。夫差得报后，忙召集随行大臣商议对策。

身为大夫的王孙雒对夫差说道："我们必须在此争到霸主地位。若急急忙忙地回去，越军见了我们的狼狈样恐怕会更嚣张。要是再次被打败了，百姓将会对我们失去信心。还有，若回军救援，途中定会遇到各国的阻挠。而且我们走了之后，诸国一定会推举晋国为霸主，他们将联合起来与我们为敌，到那

时，我们的处境将更为不利。所以，我们必须在黄池拿到霸主之位。"

随行的其他大臣和谋士都认为王孙雒的意见很正确，吴国现在的主要任务就是压服晋国以取得霸主地位。大家又商量了好久，夫差最终决定使用奇计以尽快解决此事。

一天傍晚，夫差命令全军将士厉兵秣马，做好战斗准备。夜半之时，他又令兵士整装列队，并将灶火扒开做照明之用。接着，他让兵士排成左、中、右三个方阵，每个方阵横、纵皆为一百人。左阵一律红衣、红旗、红甲、红箭翎，观之如火；中阵一律白衣、白旗、白甲、白箭翎，观之如棉；右阵一律黑衣、黑旗、黑甲、黑箭翎，观之如

▼七国时代的货币

当时各国分别铸币，所以市场上流通的货币形状并不统一，大致可分为刀币、环钱、蚁鼻钱和爰金等。

〉〉〉晋惠公姬夷吾去世，其子姬圉即位，是为晋怀公。

墨。天刚亮，夫差就升帐，亲自擂起军鼓，三军将士随着鼓声一起呐喊，声震天地。

前来集会的各路诸侯在梦中被惊醒，见吴军声势如此浩大，皆骇然。晋君也被吓得不敢与吴国争夺霸主之位了，连忙让人告诉吴王，说自己愿意尊吴王为霸主。其他各国诸侯慑于吴军的军威，也都不敢和夫差相争，夫差顺利地成为霸主，吴国的霸业在此达到顶点。

无颜见子胥

当初战胜了越国后，夫差就对越国放松了警惕。他没有乘胜消灭越国，更没想到死灰尚能复燃。夫差以为吴国从此没有了后方的威胁，于是耽于西施的美色，完全失去了当初即位时的自强不息；他又好大喜功，不懂得采用休养生息的政策养国养民，常年征战而不顾民生之艰难；他还偏听谗言，诛杀国家栋梁。由此可见，吴国的覆灭是必然的。虽然黄池之会时吴国看起来很强盛，可本质上吴国已经开始慢慢衰落了。

与之相反，勾践如先前的夫差一样，为了国家富强而呕心沥血。他性格坚忍，承受着几近丧国的巨大耻辱，卧薪尝胆，最终使越国恢复了元气。

公元前482年，就在夫差率精

兵去与晋国争夺霸主之位时，勾践向吴国发难。由于吴国精兵皆随夫差前去参加会盟，国中只剩老弱残兵，勾践轻而易举地攻入吴都，并杀死了吴国的太子。

夫差争得霸主之位后，急忙赶回国中救援。吴国因长期的征战而民生凋敝，无法与此时的越国抗衡，于是夫差向勾践求和。而此时的越国虽然恢复了元气，却也难以轻易灭掉吴国，于是勾践答应了夫差的求和。

公元前473年，勾践再次进攻吴国，此时的吴国根本不是越国的对手。屡战屡败后，夫差又向勾践求和，然而未获准许。夫差此时后悔莫及，知道错怪了伍子胥，自思在黄泉下无颜面再见他，就用衣袖蒙了脸，拔剑自杀。

夫差不肯采纳伍子胥的建议，执意放虎归山，终于自取灭亡；勾践忍辱负重，韬光养晦，博采善言，以智慧取得了胜利。这说明春秋末期的战争中，智谋已起到了很大作用。"夫战，智为始，仁次之，勇次之"，这种说法正表明了这种现象。

◀（春秋）吴王夫差矛

此矛长29.5厘米，宽3厘米，器身两面中脊和骹部有黑色米字形暗花。矛身近骹处有错金铭文两行八字"吴王夫差自作用矠"。夫差在位时，吴国兵器的制作技术达到顶峰，吴国国力空前强大。

公元前496年，勾践在登上王位后不久，就打败了强敌吴国，这给他带来了很高的威望。可两年之后，双方又列兵夫椒，越军一败涂地。最后，勾践不得不委曲求全，向吴王称臣。被放回国之后，他时刻不忘奇耻大辱，日日卧薪尝胆，重用范蠡、文种等贤达之人，励精图治，经过"十年生聚而十年教训"，终于使越国再次强大起来。公元前482年，勾践趁夫差外出举行黄池会盟而国中空虚之际，抓住机会，全力出击，重创吴国，并在后来的几年间广用智谋，屡次出击，最终消灭了吴国，成为春秋时期的最后一个霸主。

公元前770年~公元前221年
//////////春秋战国//////////
勾践卧薪尝胆

侍奉夫差，韬光养晦

得知吴国积极准备进攻越国的消息后，勾践不肯听取范蠡的劝告，企图先发制人，于公元前494年率军与吴军在夫椒交战，最终战败，被围于会稽山上。

后来，大臣范蠡献计贿赂吴国太宰伯嚭，让他劝夫差不要灭掉越国，准许越国向吴称臣。

夫差不听相国伍子胥的灭越主张，同意了勾践的求和，并让勾践夫妇在吴国服侍他。勾践委托文种处理军国之事，让范蠡陪他们夫妻一同到了吴国。

夫差此举的用意，其实就是羞辱勾践。夫差把勾践安置在阖闾墓旁的一个小小的石头屋中，让他给父亲看坟，还让他喂马。有时候，夫差出门时会让勾践替自己牵着马在百姓前行走，然后派人偷偷观察勾践的表情和举动，看他是否有怨恨之情。

勾践忍辱在心，外表装得极为忠诚。他衣衫褴褛，食糟糠，吃野菜。为了让夫差以为自己确有忠心，夫差生病时，勾践还亲自尝他的大便，以判断病情。勾践的这些行为最终得到了夫差的信任。三年之后，夫差就将他们一行放回了越国。

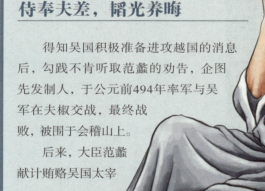

▶卧薪尝胆
越王勾践为了复兴国家，苦心励志，用"卧薪尝胆"来激励自己，经过十年的忍辱负重，终于达到复兴越国的目的。

〉〉〉晋文公起兵助周襄王姬郑攻其弟姬带，姬带被杀，周襄王赐阳樊、原、温、横茅等地给晋。晋国始拥有太行山以南、黄河以北之地。

十年生聚，十年教训

回到越国后，勾践决意强大越国以复仇吴国。他怕自己忘了奇耻大辱，就在吃饭的屋中悬了一只苦胆，饭前必尝胆的苦味，还对自己说："你会忘了会稽的耻辱吗？"晚上，勾践睡在草堆之中，唯恐舒适的生活磨掉复仇的意志。

随后，勾践在范蠡和文种的协助下，采用休养生息的政策，使越国的经济逐渐恢复发展，经过十年生聚，十年教训，越国实力日益增强。

在使越国强盛的同时，勾践也在设法削弱吴国的力量。勾践知道若吴兵攻打齐、晋，将会得罪楚国，因此，他制定了"亲于齐，深结于晋，阴固于楚，而厚事于吴"的外交方针。他向吴国表示忠诚，借以麻痹吴王。而夫差对勾践深信不疑，逐渐放松了警惕，转而四处征战，争霸中原。勾践看准时机，想方设法让夫差恣意妄为，耗费吴国财力、人力。他还使用离间计，让吴国内部发生矛盾，并借夫差之手将自己复仇的障碍——伍子胥除掉。

▲（春秋）越王勾践剑

此剑长55.7厘米，剑格镶嵌绿松石，剑身饰有菱形暗纹，近格处有鸟篆铭文。出土时，此剑寒光闪闪，仍然很锋利，这足以证明越人青铜冶铸技术十分高超。

十年之后，越国"荒无遗土，百姓亲附"，人财俱阜，国力十分强盛，其军队也已成为攻无不克、战无不胜的精锐之师。

复仇雪耻，灭吴称霸

公元前482年，勾践发兵攻吴，而夫差正带着国内的全部精兵前往黄池参加诸侯大会，国内空虚。但考虑到自己的实力不足以灭吴，所以在夫差求和之后，勾践就撤兵了。

又经过几年的休整，公元前473年，勾践再次兴兵伐吴，吴军不堪一击，在笠泽（今江苏吴淞江）与越军刚一接触就全军崩溃。夫差再一次向勾践求和，但勾践一口拒绝了。夫差羞愧自杀。

灭吴后，勾践将卖国奸臣伯嚭杀死。之后他渡淮河北上，约齐、鲁、宋、晋等国会盟于徐，周天子派人送来祭肉，册封勾践为侯伯，认可勾践为霸主。从此以后，越国横行于长江、淮河地区，诸侯莫敢不朝，勾践成为春秋时期最后一个霸主。

历史百科 //春秋笔法//

据《史记·孔子世家》记载："孔子在位听讼，文辞有可与人共者，弗独有也。至于为《春秋》，笔则笔，削则削，子夏之徒不能赞一辞。"这便是"春秋笔法"的出处。春秋笔法指的是寓褒、贬于曲折的文笔之中，是孔子首创的一种文章写法。传说孔子在编撰《春秋》一书时，曾暗含褒、贬于所述历史之中。在创作时，孔子规避了直接表述对人物、事件看法的不妥，而是采用细节描写、运用修辞手法以及选材等方式，含蓄婉转地表达了个人的好恶，成为一种新的笔法，或者说是一种新的语言使用艺术。为了阐明孔子的思想，后人还特地为《春秋》一书编写了专注，以解读它的内在含义，尤其是书中关于礼的种种细节。人们把这种写法称为微言大义，又称为春秋笔法。

〉〉〉晋、齐、鲁、卫等国相约伐郑，楚王领兵救郑，双方相遇于鄢陵（今河南鄢陵西北）。联军采用攻弱避坚的战术打败楚军。

前575年

◎看世界／希波战争 　　　◎时间／前500年~前449年 　　　◎关键词／希腊 以少胜多

公元前770年~公元前221年
////////// 春秋战国 //////////
孔子周游列国

春秋时期，政局动荡，周天子名存实亡，诸侯竞起争霸，礼崩乐坏的局面愈演愈烈。孔子在鲁国郁郁不得志，于是在公元前497年离开鲁国，开始周游列国，以期遇到能赏识自己的明君，使自己得以推行儒家的政治主张。他先后去鲁适卫、去卫适陈、去陈适叶、去叶返卫、去卫返鲁……在各个国家间奔走了十几年，但这些国家的当政者都认为他的主张脱离实际，所以并未重用他。最后，孔子心灰意冷，回到了鲁国，开始集中精力整理古代文化典籍和兴办教育。尽管他的学说在当时没有得行于世，却对后世产生了极其深远的影响。

吾未见好德如好色者也

孔子于公元前497年开始周游列国。卫国靠近鲁国，是姬姓诸侯国，与鲁国是兄弟国家，孔子对它很有感情，于是他带弟子先来到卫国。

初来乍到的孔子受到了卫灵公的欢迎。卫灵公打听到孔子在鲁国享有的俸禄数目，便也给他同样多的俸禄。后来，有人对卫灵公说了孔子的坏话，卫灵公的态度就转变了，他下令让士兵监视孔子。孔子担心这样下去自己会有不测，就在十个月后离开了卫国。走到卫国的匡地（今河南睢县）时，却被当地居民拘禁了起来。原来孔子长得像曾在匡地施暴行的阳虎。经过多方交涉，孔子才得以脱身。没过多久，孔子又回到了卫国。

卫灵公有一个夫人叫南子，她听说孔子在卫国，就想见见他，便派人去请孔子。被派去的人对孔子说："天下想同我们国君结交的人，都要去拜见我们夫人，您也不例外吧？正好我们夫人也想见见您。"孔子本来不愿意去，可又担心不去会出什么事，只得答应了。子路听说后很是不满，孔子忙向他说明原因，还发誓说："我若是为了私心而去那儿，上天一定会厌弃我！"

拜见了南子后，孔子与卫灵公的关系稍有改善。过了不久，卫灵公请孔子一同出去游玩，却让孔子坐在后面的车上，孔子的身份就像是个高级侍从。孔子感到卫灵公很不尊重他，便带着怒气说："我还没见过好德像好色一样的君王！"就又离开了卫国。

惶惶如丧家之犬

宋国的桓大司马派人为自己造一口石椁，用了三年时间还没造成。孔子说："还不如早点死了，免得这么浪费！"桓大司马得知此话，心中怨恨孔子。一天，他听说孔子和弟子们在一棵大树下演练礼仪，就派人把大树砍倒了，借以威吓孔子。孔子师徒无奈，只得离开宋国。

不久到了郑国，孔子师徒不小心走散了。弟子们很着急，到处寻找老师，子贡逢人便问。有

▲孔子行教塑像
政治上的不得志使孔子将大部分精力用在教育上，其门下弟子多达三千人。

个人讥讽地告诉子贡说："东门那边有个像丧家犬一样狼狈的人，可能就是你的老师吧！"后来子贡告诉了孔子，孔子自嘲地笑道："我像丧家之犬，说得太对了！"这样，孔子到陈国住了三年。当时陈国正在遭受晋、楚争霸战火的蹂躏，孔子找不到机会，就返回了卫国。

后来，孔子本想到晋国寻找机会，不料赵简子作乱，他只得放弃计划，回到家乡待了一段时间。不久之后，孔子再次来到卫国，这次卫灵公仍没接受他"以德治国"的主张。孔子只好再次离开卫国。

孔子周游列国十四年，在卫国合计起来逗留了十年，可见卫国是他周游时期的主要落脚之地。但卫灵公并没给他实现政治抱负的机会。

受困于陈、蔡

在周游列国的历程中，陈、蔡两国曾是孔子的落脚地。在陈、蔡期间，楚昭王曾派人来请孔子。陈国和蔡国得知了这个消息，两国大夫商量说："孔子是个贤人，他对各国政局的批评都能切中要害。他长期居留在陈、蔡之间，我们都没照着他的意思治理国家。楚国是大国，现在楚国派人来请他，要是孔子在楚国被重用，对我们两国就不妙了。"于是，陈蔡两国一同发兵，在野外围住孔子。孔子渐渐断了粮食，跟随的弟子也都饿得站不起来了，可孔子仍吟诵

不已，坚持给学生讲课。子路很生气，对孔子说："君子也有走投无路的时候吗？"孔子说："君子固然有走投无路之时，但不像小人那样在窘困之时无所适从。"

后来，子贡带着楚兵来迎接孔子，孔子才得以脱困。后来，由于令尹子西很不赞成任用孔子，楚昭王就不再提此事了。不久，楚昭王去世，卫灵公的孙子卫出公想重用孔子，但等孔子到了卫国，虽然受到礼遇，却仍不被重用。

面对隐者讥讽不气馁

孔子为实现自己的政治理想四处奔波，不但其抱负终未实现，还饱受不理解之人的讥讽。

在楚国时，孔子遇到了正并肩耕种的隐士长沮、桀溺，子路过去向他们打听道路。得知车上坐的是孔子后，他们嘲讽说："孔丘那么贤明，应该知道道路哇！你与其跟这个流浪之人到处吃闭门羹，还不如与我们一起归隐田园呢。"子路回来向孔子如实说了，孔子很失望，说："天下要是太平

▶《孔子圣迹图》之游说诸王

这是清代画家焦秉贞的作品，描绘的是孔子周游列国游说诸王的故事。图中孔子席地而坐，神情恭肃；国君坐在红木椅上侧耳聆听。

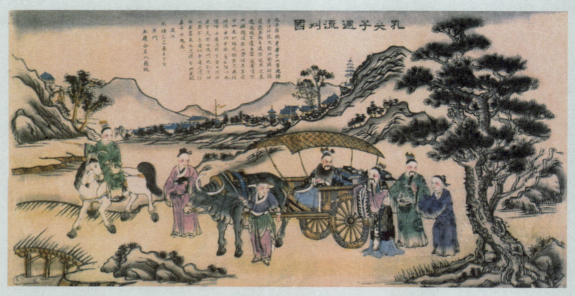

▲孔夫子周流列国图

为了宣传自己的政治主张，实现自己的政治理想，孔子曾先后到卫、曹、宋、郑、陈、蔡、楚等国游说各国诸侯。

的话，我也不用自讨苦吃，四处奔波了。"

还有一次，与孔子走散的子路遇到一个扛着农具的老人，子路问他见到过自己的老师孔子没有。老人说："四体不勤，五谷不分，我不知道谁是你的老师。"第二天，子路找到了孔子，就将这件事告诉了他。孔子说："君子做官是为了尽道义，归隐只是为了使自己清白，自己清白却使天下纲纪不存。"

十四年的漂泊并未让孔子得到机会实现自己的政治理想，面对这样的挫折，面对隐士的讽刺之语，孔子并没有气馁。然而事不由人，他至死都未能实现宏伟的抱负。

制礼乐办私学

到六十八岁时，孔子仍然只是一介平民。经过冉求的努力，在卫国的孔子被迎回鲁国，十四年

的漂泊生活就此结束。孔子虽很受礼敬，却不被君王任用。

孔子明白自己此生已没有希望从政，便隐居在家，以培养学生和整理古籍为务。他一生共收徒三千，能通六艺、学问登堂入室者七十二人。在整理古籍方面，他完成了对《诗》《书》《礼》《乐》《易》的修订，还写了《易传》《书传》《春秋》。

公元前479年，孔子年已古稀，经历了丧子之痛、丧徒之痛和从政理想破灭后，终于支撑不住，在病魔的袭击下病倒了。

一天，子贡前去看望孔子，孔子对子贡说："赐呀，你怎么来得这么晚哪！"

长长地叹了一口气后，他悲伤地吟诵道："泰山将要崩毁了！梁柱将要摧折了！圣人也快要陨落了！"说完潸然泪下。七天后，七十三岁的孔子与世长辞。

孔子去世后，在弟子们的不断努力下，以孔子的学说为基础形成了儒家学派，而他也被尊为该学派的创始人。儒家思想对后世的影响极为深远，孔子也被公认为我国古代的大思想家、大教育家。

◎看世界／希腊手工业种类繁多　　　◎时间／前499年　　　◎关键词／陶器 纺织品

公元前770年~公元前221年
/////////// 春秋战国 ///////////
三家分晋

春秋晚期，晋国的政权被不是公族的赵、韩、魏、智、范和中行氏六家大夫把持，他们之间不断地互相兼并。先是联合起来的赵、韩、魏、智四家消灭了范氏和中行氏，紧跟着，韩、赵、魏三家联手将智氏消灭。公元前403年，事实上已经毫无实权的周威烈王被迫正式承认他们的诸侯地位。于是，韩、赵、魏三家分晋，各自成立国家，与原来的秦、齐、楚、燕四大国一起，并称战国七雄。三家分晋标志着中国由奴隶社会进入了封建社会，是历史上具有划时代意义的重大事件。

"晋无公族"，智氏独大

周朝的各诸侯国一般都会封诸侯公室的子孙为大夫，给他们封地，让这些与公室有血缘关系的大夫作为公室的屏障。

晋献公在骊姬叛乱之时，反而追杀公室子孙，自此以后"晋无公族"，不再立公室子孙为贵族了。后来的晋成公以"宦卿之适子而为之田，以为公族"，赵盾又让公室外的异姓之臣作为贵族，晋国君室的实力就此逐渐削弱，而非公室的卿大夫的权力大大增强，这些异姓公卿之间又不断进行争斗、兼并和整合。

▶（春秋）赵卿匏壶
此壶出土于太原晋阳古城金胜村春秋晚期墓葬遗址中的赵卿墓。赵卿墓是迄今为止所见春秋时期等级最高、规模最大、随葬品最丰富、资料最完整的晋国贵族墓葬。

春秋末年，晋国只剩下魏、赵、韩、范、智和中行氏六家大夫，是为六卿。其中，智氏的实力最强，其他五家都不敢与之作对。智氏家族的智伯雄心勃勃，他逐步消灭异己，以期有朝一日能自立为王。

公元前458年，范氏和中行氏在智、韩、赵、魏的联合打击下覆灭，六卿只剩下了四卿，智伯此后更为嚣张。

为了早日消灭另外三家，实现自己的君主之梦，他心生一计。智伯建议每家各归还晋公室一百里土地和人口，以振兴晋君的实力，恢复其文公时的霸主雄风。

赵襄子、韩康子、魏桓子都是聪明人，一听智伯的这个建议，就知道这是想削弱他们三家的实力，但是他们各自的想法不同。

韩家和魏家相继将土地和人口上交了，赵家则不肯，赵襄子说："这些东西都是祖先用功劳换来的，我为什么要交出来？"

智伯大怒，与韩、魏定下协议，答应他们灭赵氏后平分赵家的财产，于是三家在公元前455年联合出兵攻打赵氏。智伯统领军队为中路，韩、魏各为左、右翼。

赵襄子见敌人来势汹汹，知道不敌，就领军退至老巢晋阳。晋阳城墙高而坚固，粮草也十分充足，更有百姓的支持，地利与人和占尽，智伯围了三年都

◎看世界／希腊商业繁荣　　◎时间／前499年　　◎关键词／雅典　皮里优斯港

无法在赵军如雨的箭下攻入城中。

智伯瑶水淹晋阳城

公元前453年的一天，智伯带人出营察看晋阳城北的地形，当他见到绕城东北而流的晋水（今汾河）时，心中突现一计，于是命兵士即刻到河的上游筑坝拦水。由于此时正是旱季，晋水水量不大，此项工程很快就完成了。

到了雨季，随着洪水的来临，智伯又让兵士开坝放水，滔滔的水流携沙带泥向晋阳城冲去，城中的百姓不得不爬上房顶避难。

如此一来，更加深了晋阳百姓对智氏的仇恨，他们誓死不肯投降。

智伯同韩康子、魏桓子一起在高处观看水淹晋阳城，他手指晋阳城说道："看吧！晋阳就要完了。我原以为晋水只会像城墙一样阻挡我们，现在才知道，汹涌的大水也能帮助我们灭掉敌人。"韩康子和魏桓子心中皆是一惊，原来他们各自的封邑平阳（今山西临汾西南）和安邑（今山西夏县西北）旁边都有一条河流过，智伯的话让他们担心有朝一日眼前的祸事也会发生在自己身上。

城遭水淹后，心急如焚的赵襄子忙去找谋士张孟谈。张孟谈说："我们能否逃过此劫，就看韩、魏两家了。我觉得他们是因为惧怕智伯才前来攻打我们的，并不是真心与我们为敌。我去见见他们，看能否说服他们反戈。"

张孟谈当晚就悄悄出了城，暗中与韩康子和魏桓子分别作了交谈。当时，韩康子和魏桓子正忧心忡忡，张孟谈的一席话让二人茅塞顿开，当即表示愿意与赵氏合力对付智伯。唯恐夜长梦

▲逐鹿中原

多，他们决定第二天晚上起事。

翌日深夜，正在营中做美梦的智伯突然被呐喊声惊醒，连忙爬起来，却发现军营中全是水。不知发生何事的智家军猛然听到四面八方响起擂鼓声，原来是韩、赵、魏三家兵士乘着木舟与竹筏到处砍杀。最后，智氏的兵马死伤无数，智伯也被擒住杀死。

灭了智家之后，韩、魏收回了被智伯侵占的土地，而智家的土地则被三家平分。韩、赵、魏在晋国三足鼎立，为了不让晋公室再对自己形成威胁，他们就将晋国分为三部分，就此奠定了各自的根基。

七雄并立，春秋结束

晋哀公死后，公子柳继位，即晋幽公。此时的晋国公室已经完全失去了权力，晋幽公不仅无法约束韩、赵、魏，自己还得去朝见他们。

与瓜分晋公室的权力一样，晋国的土地也被他们瓜分，晋公室只剩下绛与曲沃二邑。

公元前403年，同样失势的周天子见晋国大势已去，就顺应韩、赵、魏的要求，正式把他们封为诸侯，这件事史称"三家分晋"。

从此以后，韩、赵、魏这三个新成立的中原大国与之前的秦、齐、楚、燕四个大国被并称为"战国七雄"。

中国的春秋时期就此结束，战国七雄之间的争霸渐渐展开，而中国也开始了由奴隶社会向封建社会迈进的步伐。

〉〉〉著名军事家吴起投奔楚国，受到楚悼王重用，被拜为令尹。

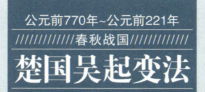

战国初期的楚国国内形势混乱，竟不可思议地发生了国君楚声王为"盗"所杀的事情。公元前401年，公子疑继承父位，是为楚悼王。国内形势不容乐观，国外形势也越来越不好，北方三晋逐步强大，渐渐威胁到楚国。就在此时，著名政治家吴起从魏国来到了楚国。他曾在魏国帮助李悝进行变法，而且在打击秦国方面功劳很大。楚悼王久闻吴起的大名，任他为令尹，让他主持变法。当时，中原诸国在完成改革后，又重新投入了战争。但与春秋时期不同的是，此时各国的主要目标是攻城略地而非称霸逞威，由此，他们之间的战争具备了封建兼并战争的性质。

吴起其人

吴起是卫国左氏（今山东定陶西）人，生年不详，卒于公元前381年。年轻时，吴起外出游学求仕，散尽家财却终未成功，为邻居所嘲笑。一怒之下，他杀掉嘲笑者三十多人后逃到鲁国，在孔子弟子曾参之子曾申门下修习儒学。

数年后，得知母亲去世，吴起觉得自己还没有实现理想，就没有回去参加葬礼。曾参看重孝心，很不满意吴起的行为，就将他赶出了师门。于是，吴起又改学兵法。后来，他在鲁国当了大夫，娶齐女为妻。齐国攻打鲁国时，为得到鲁国国君的信任，他"杀妻求将"，带兵打败了齐国，崭露头角。立下功劳的吴起因杀妻受到了旁人的诋毁，鲁君罢用了他。

吴起听说魏文侯是个贤君，正任用李悝变法，在各行各业都急需人才，就来到了魏国。

到魏国后，吴起被重用为大将，驻守河西地

公元前770年~公元前221年

//////////// 春秋战国 ////////////

楚国吴起变法

区，还与李悝等人一同主持魏国的变法，在政治、经济、军事方面进行改革。

在军事改革和实践方面，吴起的改革成果十分显著。他训练兵士非常严格，且十分有方法，创立了武卒制。吴起的思想兼容儒、兵、法各家之长，他主张为政应该"内修文德，外治武备"。

在吴起的主持下，魏国"治百官，亲万民，实府库"，大大地增强了国家实力，使秦国不敢向东发展，韩、赵两国不得不"宾从"于魏。吴起对魏国的振兴起了重大作用。

公元前396年，魏文侯去世后，吴起继续留在魏国，辅佐继任的魏武侯。约在公元前387年，由于大臣王错的排斥，吴起不得已去魏至楚。

吴起在魏国的成就有目共睹，到楚国后被楚悼王重用为宛（今河南南阳）守，抵挡韩、魏两国。后来楚悼王任吴起为令尹，令其主持变法。

▼吴起像

吴起是战国初期著名的政治改革家、军事家，著有与《孙子兵法》齐名的《吴子兵法》一书。

> > > 羌人南迁至蜀，后随季节逐水草逐年向南迁移，居于今汉源、甘洛、越西、喜德、冕宁、西昌等地。

前383年

◎看世界／希波战争第二阶段　　◎时间／前479年~前449年　　◎关键词／希腊进攻

损其有余而继其不足

吴起在楚国变法的主导思想是"损其有余而继其不足"，即拿部分旧贵族的"有余"来补军政费用的"不足"。他认为是"大臣太重，封君太众"造成了楚国国力衰弱。他主张对这些贵族开刀，规定在三世之后，向他们的子孙收回爵禄；减少官吏的俸禄，免"无能""无用"之官，裁"不急"之官，而将节俭下来的费用用以奉养"选练之士"。"损其有余而继其不足"的另一个方面是，根据楚国地广人稀的特点，把一部分百姓迁往人烟稀少之处定居。

这些措施改变了楚国国家机构的臃肿之态，增强了军队的实力，废除了一些世袭封臣的权利，给旧贵族势力以沉重的打击，也很有效地开发了荒远之地。

整顿楚国吏治

为了整顿吏治，纠正楚国官场的不良风气，吴起提出了三个主张。其一，"使私不害公，谗不蔽忠，言不取苟合，行不取苟容，行义不顾毁誉"，即要求公私分明，言行端正，不能以私害公，不能进谗害贤，不能苟合取悦。其二，"塞私门之请，一楚国之俗"，即禁止私下请托。其三，"破横散从（纵），使驰说之士无所开其口"，即禁止纵横家增强。

吴起改革了"鄢人以两版垣（用夹板填土筑墙）"的建筑方法，用改革后的技术建设国都鄢，使其防御能力大大增强。

吴起变法使楚国繁荣起来。在他的主持下，楚国"南平百越，北并陈蔡，却三晋，西伐秦"，扩展了南部疆域，还数次成功地攻击魏国、救援赵国，使各国为之震动。

功败垂成，身死异处

吴起在楚国变法的目的是富国强兵。这个目的主要是通过取消世袭爵禄、任贤使能等措施来实现的。

随着变法的顺利进行，楚国呈现出欣欣向荣之态。然而在公元前381年，楚悼王不幸病逝，楚国的变法改革受挫。

由于吴起的变法损害了楚国旧贵族的利益，楚国的贵戚大臣在楚悼王的灵堂上发起暴乱，为了杀死吴起，他们不惜冒死向伏在楚悼王尸体上的吴起射箭。吴起被乱箭射死了，贵戚们的箭也射中了楚悼王的尸体。在楚国，"丽兵于王尸者，尽加重罪，逮三族"，所以在埋葬了楚悼王之后，楚肃王刚一即位，就派令尹彻查此事，最终有七十多家被夷族。

▶（战国）彩绘龙纹盖豆

此豆出土于湖北随州曾侯乙墓，高28.3厘米，制于战国早期。这一时期的楚国漆器多以仿造青铜器的风格出现。此漆豆的盖面饰有浮雕龙纹，双耳由浮雕的龙组成兽面形象。器身彩绘云纹和变异凤纹。

前382年

〉〉〉楚悼王令吴起主持变法，以图振兴楚国。

▲（战国）料珠

料器原称琉璃，是早期的玻璃，而料珠则是料器的一种，一般用来装饰器物，在玉饰组佩中往往编缀料珠，以增加美感。

吴起的变法在楚国持续时间不长，效果不是很明显。吴起死后，楚国虽为七雄之一，也出现过扬威诸国之时，但昭、景、屈三家始终把持着楚国的军政大权，使得楚国的政治十分腐败。

总体看来，楚国一直在走下坡路，直至灭亡。因此韩非子说："楚不用吴起而削乱，秦行商君法而富强。"

吴起是军政奇才。在军事上，他既善于用兵又有精深的军事理论，在历史上同孙武齐名，后世论兵皆称"孙吴"；在政治上，吴起同商鞅齐名。在鲁、魏、楚三国出将入相，展示出了卓绝的军事、政治才能。吴起军纪严明，且能与士卒同甘共苦，因此深得军心。然而，他为了显达而不奔母丧、为了求名而不惜杀妻的做法，一直为人所不齿。

历史百科 //《吴子兵法》//

吴起在从政、治军方面积累了许多经验，他从这些经验中提炼总结出了一套军事理论，写成了《吴子兵法》一书。《汉书·艺文志》中著录《吴子兵法》有四十八篇，目前已佚。今本《吴子兵法》仅存《图国》《料敌》《治兵》《论将》《应变》《励士》六篇。

吴起主要的军事思想是"内修文德，外治武备"，他主张增强国家的军事实力，同时强调协调好国家与军队的内部关系，认为只有这样才可以兴兵扬威。孙武"知己知彼，百战不殆"的思想为吴起所继承，吴起在《料敌》篇中强调了察悉敌情的重要意义；在《应变》篇中论述了突遇劲敌时的应急战法和取胜策略；《治兵》《论将》和《励士》三篇主要论述了他的治军思想，他认为军队能够打胜仗，不仅仅是依靠数量上的优势，更重要的是要依靠军队的整体素质。

《吴子兵法》在我国古代军事史上占有重要地位，与《孙子兵法》合称"孙吴兵法"。

春秋时期，地处西隅的秦国是一个不为人注意的落后国家，在社会经济方面根本无法与中原大国相比。直至公元前408年，秦国才实行"初租禾"，这落后于鲁国的"初税亩"一百八十六年。秦孝公于公元前361年继位，此时秦国不但不为各诸侯国重视，连权力丧失殆尽的周天子也对其不屑一顾。秦孝公愤然大呼"诸侯卑秦，丑莫大焉"。他发布求贤令，得到了商鞅，便任用商鞅为左庶长主持变法，从此秦国逐步走向了富强。商鞅变法是秦国一次彻底的社会变革，世袭特权被取消，取而代之的是按军功授爵禄。公元前350年，秦孝公迁都咸阳，此后的秦国逐渐强大，为以后灭六国打下了基础。

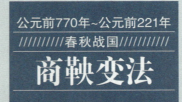

公元前770年~公元前221年
//////////春秋战国//////////
商鞅变法

名之学，长大后专门研究如何用法律治国，李悝、吴起等人对他产生了很大影响。

卫国弱小，商鞅觉得在此施展不了自己的才能，就去了魏国，给魏国宰相公叔痤做家臣。公叔痤病重时，对魏惠王说商鞅足以为相。公叔痤还告诉魏王，若不任用商鞅就将商鞅杀了，以防他为别国效力，但魏惠王不以为然。公叔痤死后，魏惠王既没重用商鞅也没杀他，商鞅得不到魏王的赏识，心中十分郁闷。正在此时，他得知秦孝公求贤的消息，于是便带着李悝的《法经》赶到秦国。

在秦孝公面前，商鞅侃侃而谈，他说："国家要富强，就该努力发展农业，这样才能有足够的军粮。加紧训练军队的同时，还要赏罚严明，给勤劳有功的农民或将士以赏赐，给懒惰怕死之人以惩罚。赏罚已行，朝廷有了威信，才能进行顺利的改革，求取富强之道。"秦孝公听了十分赞赏。

不过，想让变法顺利进行，商鞅还得说服那些贵族大臣。秦孝公就将许多大臣聚在一起讨论变法的利弊。大臣甘龙是反对派的领袖。他对秦孝公说："祖宗传下了制度和礼法，如今在朝为官的和在野为民的人都已习惯了。若变动了，定会造成大乱。"

商鞅反驳说："治世不一道，便国不法古。自古至今没有不变化的礼和法。秦国现在的旧礼、旧法能让秦国富强吗？我们的目的是让秦国富强，只要能实现这个目标，对旧礼、旧法进行改革有什么不对？"

接着，商鞅又举了古今许多事例来

治世不一道，便国不法古

公元前361年，秦孝公即位，为了富国强兵，他准备变法改革。秦孝公发布了求贤令，承诺无论是哪国人，只要能让秦国富强，就给予厚赏。商鞅得知秦孝公求贤的消息，来到了秦国，受到秦孝公重用，开始在秦国实行变法。

商鞅（约前390~前338），原姓公孙，是卫国的一个失势贵族，因此又称卫鞅，后来他被封于商（今陕西商洛商州），后人就称他为商鞅。商鞅自小喜好刑

▶商鞅像
商鞅是战国时期法家的主要代表人物。商鞅相秦期间，执法不避权贵，引起一些贵族的怨恨。所以，秦孝公一死，商鞅就受到诬告，最后被以谋反罪处以车裂之刑。

说明变法的必要性，反对者个个无言以对。

听了商鞅的辩驳，秦孝公非常高兴，也更坚定了变法的决心，便拜商鞅为左庶长，准备变法。

南门立木，取信于民

公元前356年，商鞅经过长期的准备，制定出了变法革新的一系列法令，不过并没有立刻颁布。

商鞅知道，只有先取信于民，此后的新法令才能顺利执行。于是，商鞅命人在都城南门外立了一根三丈多长的木头，并在木头旁边张贴告示说："将此木扛至北门者赏十金。"

人们都感到好奇，不多时，木头旁就聚集了一大堆人，他们对此事议论纷纷，不相信天下会有这样的好事，谁也没有上去扛那根木头。

商鞅听说没人响应，就将赏金升至五十金，人群中的议论声更大了。就在围观者胡乱猜测之时，一个壮汉走出人群，说："我来试试。"说完，他扛了木头就走。

看热闹的人跟着他一路走到了北门，见左庶长商鞅早已在那儿等候了。商鞅立刻派人过来传话说："好！你相信且肯执行我的命令，应该得到奖赏。"于是将五十金赏给这个壮汉。

这件事迅速传开了，百姓们都知道左庶长商鞅是个言出必行之人。

商鞅变法，秦国大治

商鞅觉得时机已经成熟，就将新法令颁布。新法令赏罚严明，包括奖励耕织，奖励军功，实行连坐等。变法顺利实施后，秦国渐渐强盛起来。公元前350年，商鞅进行了第二次变法，主要

▲（战国）商鞅量

商鞅量是战国时期秦国的标准量器，又称商鞅方升。商鞅量是秦孝公时由商鞅制定的标准量器，因以得名。

内容为：废井田，开阡陌；加强王权，实行郡县制，将全国分为约三十个县，由中央直接委派县令管理；迁都咸阳，以方便向中原扩张。

商鞅的这些变革法令触犯了旧贵族的利益，这些贵族暗中勾结太子的师傅公子虔和公孙贾，让他们怂恿太子犯法，给商鞅出难题。商鞅知道后决定按律行事，但因为不便处罚太子，就在秦孝公的支持下，依据新法削了公子虔的鼻子，在公孙贾的脸上刺了字。此后，再也没有人敢公开反对新法了，但此事也给商鞅种下了祸根。

新法实施十年后，秦国的实力大大增强。秦孝公也真切体会到了变法给秦国带来的变化，此后更加信任商鞅。为了奖励商鞅，秦孝公将商地封赏给商鞅，这就是"商鞅"之名的由来。

与此同时，实力大增的秦国也得到了各诸侯国的尊敬。有一年秦孝公做寿，周天子特地派人送礼物过来，封秦孝公为方伯，中原诸国也纷纷前来称贺，借以向秦国示好。

公元前338年，秦孝公病故，太子即位，并于公元前324年称王，是为秦惠文王。秦惠文王恨商鞅当初对自己的老师施刑，刚即位就以莫须有之罪名捉拿他。因为怕遭商鞅新法中的"连坐之罪"，无人敢收留商鞅。商鞅"作法自毙"，只得仰天长叹。他被杀死后，尸身被运回咸阳受车裂之刑。

商鞅虽死，但他的新法在秦国已深入人心。商鞅的变法为秦国的富强打下了坚实的基础，为秦国以后统一六国积蓄了实力。

公元前354年，魏惠王以庞涓为大将，率兵讨伐赵国。赵都邯郸被围。赵国军民殊死抵抗一年有余，实在招架不住了，只好向齐国求援。公元前353年，齐威王命田忌为大将、孙膑为军师，率兵前去救赵。孙膑审时度势，见魏军主力都在赵国，而国中防备空虚，就围攻魏国国都大梁，迫使庞涓撤兵回救本国。猝不及防的魏军在回行途中，于桂陵遭遇齐军埋伏而溃败，史称桂陵之战。"围魏救赵"是中国古代历史上著名的避实就虚的战例，后来被列入三十六计，至今仍启发着人们。

公元前770年~公元前221年
//////////春秋战国//////////

围魏救赵

在抵挡不住，就向齐国求助。

齐威王接到赵国的求援书信后，召集诸位大臣前来会商。大将段干朋建议先派一支小部队前去攻打襄陵（今河南睢县），这样既让魏国受到牵绊而不能全力攻赵，同时也做出了救赵的姿态。主力则按兵不动，静观魏、赵两国交战。等到魏军攻下邯郸，赵国危亡、魏军也疲敝的时候，再派主力攻打魏军。段干朋提出的这个策略可谓是一石三鸟：既限制了魏军，使它陷入两面受敌的境况；又表示了救赵之意，维护了名声，也维护了与赵国的关系；此外，还让魏、赵两国互相削弱，为后来齐国打败魏国、挟制赵国做了准备。

齐威王一听，觉得很妙，便决定采用这一计谋。于是，齐威王派出一部分兵力联合宋、卫去攻打襄陵，让主力备战待命。后来，眼看着邯郸就要被魏军攻破，赵、魏双方几乎都已筋疲力尽时，齐威王觉得机会已到，就派出以田忌做主将、孙膑任军师的主力部队前去救赵。

蓄而不发，一石三鸟

公元前354年，魏国兴兵伐赵。大将庞涓率领八万精兵攻打赵国国都邯郸。到第二年，赵国实

出兵救赵，齐、魏交锋

田忌作战勇猛，但不善运用计谋。接到齐威王的命令之后，他就想快马加鞭直接奔赴邯郸。孙膑见状，对他说："您想一想，如果要分开两个打得正厉害的人，应该怎么办？自己加入进去帮一方打另一方，这不是明智之举。最省力的方法是趁双方互施拳脚、腹部无所防备之机，一拳

◀围魏救赵
公元前354年，魏国军队围攻赵国都城邯郸。次年，齐国应赵国的求救，派田忌为将，孙膑为军师，率兵八万救赵。孙膑用围攻魏国都城大梁的方法，迫使魏国撤回攻赵主力部队而使赵国得救。历史上称之为"围魏救赵"。经此一战，孙膑名显天下。

打在其中一位的腹部，这样他就会立刻停下拳脚用手去捂肚子，两人就打不下去了。我们现在解赵之围也是这样的道理。与魏国正面交锋，不管准备得如何充分，都会损失兵马。我们应该'避亢捣虚'，即避开正面，攻其不备。现在魏军主力远在邯郸，国内防备很弱，如果我们攻打魏国的国都大梁，魏军肯定会撤兵回来救大梁。我们可以在他们回来的路上设下埋伏。魏军长途远奔，又是久战之后，必定疲惫不堪。此战我们可谓胜券在握，损失也不会很大。"

田忌按孙膑所言去做，率领齐军主力向魏国国都大梁进发。

桂陵之战，庞涓中计

田忌、孙膑没有率齐军主力直接奔赴大梁，而是逼近大梁东面的军事重镇平陵（今山东定陶东北）。平陵是易守难攻之地，齐军远道而来，如屯兵于此坚城之下太久，必然对齐军十分不利。孙膑此举是为了让庞涓误以为齐军指挥水平低劣，漏洞百出，从而产生轻敌之意。

然后，孙膑假装攻打平陵，故意兵败而走。庞涓由此更不把齐军放在眼里，继续攻打邯郸。几经交战，魏军虽攻下邯郸，却早已兵疲马倦。孙膑建议田忌立刻率军攻打大梁。齐军兵临魏都城下，魏惠王命庞涓火速率兵回救大梁。

庞涓认为齐军不堪一击，不妨趁此机会歼灭他们，那样的话，就能齐、赵两国

▶（战国）矛头铜狼牙棒

此器长32厘米，为矛头与狼牙棒合铸一体。棒作八棱形，表面铸有排列整齐的锥刺。棒前端另铸矛头，矛下有鼓形座。这类狼牙棒除可以用来击打外，还可用于刺杀。此类战国兵器甚为少见。

兼收了。于是他留下少量兵力驻守邯郸，率大部队连夜赶回魏国。庞涓雄心虽大，但将士们早已疲惫不堪。齐军事先埋伏在他们的必经之地桂陵（今河南长垣西北）。两军遭遇，一边是准备充分、精力充沛、士气旺盛的齐军，一边是久战之后又经历了长途跋涉的魏军。双方交战结果不言而喻。魏军被打得落花流水，损失惨重，庞涓被俘。后来魏国归还赵国邯郸，齐国将庞涓释放回国。

这就是桂陵之战，是战国时期齐国崛起后取得的首次大捷，也是历史上十分重要的一次战役。

孙膑在此战中崭露头角，他所实行的避实击虚、攻其要害等战术，被人们称为"围魏救赵之计"，为后世军事家所称赞。孙膑和他的兵法也由此声名远播，流传千古。

历史百科 // 指南针的发明 //

早在春秋时期，我国劳动人民就在采矿和冶炼过程中发现并了解了磁石的性质。到了战国时期，已经有人利用磁石制成可辨方向的工具，这种工具被称为司南。司南是将磨成水勺状的磁石放置于一个方形盘上，再根据水勺柄指示的方向辨认出南方。

北宋末年（11世纪），人工磁石开始出现。于是，人们又发明了由磁钢片制成、放在水中就能辨别方向的指南鱼。

后来，经过不断摸索、改良，人们又将指南鱼中的磁钢片改为两端能分别指示出南极、北极的磁钢针，由此，指南针问世。北宋时期著名的科学家沈括科学地说明了指南针的制作工艺和使用方法。

直到三百多年后，中国人的这项伟大发明才传入欧洲，并得到了广泛使用。

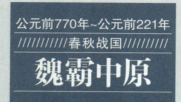

公元前770年~公元前221年

////////// 春秋战国 //////////

魏霸中原

在战国时期的各国中，魏国是最早开始变法的，这使得魏国各方面的实力都很快领先于其他国家。从此，魏国开始了争霸中原的征程。魏文侯、魏武侯在位期间，魏国与相邻的赵、韩两国联合出击，取得节节胜利：先攻打西边的秦国，在公元前408年夺取秦国河西地区，分别派李悝、吴起镇守河西和上地，秦人屡次想要收复失地却不可得；接着在公元前406年，吞并了北边的中山国；然后又在公元前404年，打败东边的齐国。此后，魏国将目光转向南边的楚国，以多次胜利压制了楚国向北扩张的势头。魏武侯的儿子魏惠王即位时，魏国实力达到极盛，出现了独霸中原的局面。

迁都大梁，稳定发展

晋国被分为韩、赵、魏三国之后，三国之间互相争夺领土，国界不断变换，以致久久不能确立各自稳定的国都。后来形势有所缓和，赵国定都邯郸，韩国定都郑，只有魏国还在不断变换自己的国都，先后以邺、朝歌、安邑等地为都城。

这种不稳定的状况对魏国很不利，历史上曾有先例：魏武侯去世后，魏国发生内乱，韩、赵趁机出兵，企图利用魏国领土东、西相隔的特点瓜分魏国。

鉴于这种情况，魏惠王在公元前361年迁都大梁，并决定就此稳定下来。定都大梁，一方面有利于魏国势力往东面发展，另一方面也能避免遭受西面秦国的侵扰。

魏惠王在新都大梁大兴土木，将其建设成了一座坚固的都城。利用这里有利的水利条件，魏惠王还奖励百姓开垦土地，同时修建沟渠，引水灌溉田地。

这样，大梁及其周围的农业生产很快兴盛起来。与此同时，魏惠王还在大梁大建宫殿苑囿，引进人口，发展手工业和商业。十多年之后，原本普通的大梁一跃成为远近闻名的中原大都会，魏国也更加强盛，成为土地广阔、军事实力强大的国家。

逢泽之会，"尊魏为王"

对魏国的霸权构成威胁的，主要是齐国和秦国。齐国在魏文侯、魏武侯在位时期，多次被韩、赵、魏三国联军打败，但齐国经过齐威王时期的大力发展，成为不可小视的一大强国。

▲（战国）变形蟠龙纹敦

此敦呈长圆体，盖、器可分开。盖与器腹部纹饰基本相同，均饰以大三角纹和变形蟠龙纹，盖顶中心饰涡纹，纽饰斜角云纹。此敦造型优美，纹饰精致。

〉〉〉魏国在黄河南岸开凿水渠，引黄河水进入圃田泽，一是作为运河，运输粮食等物资，二是作为水利工程，灌溉沿岸田地。

公元前353年，齐、魏发生桂陵之战，结果齐国大败魏国。一直对魏国虎视眈眈的秦国，趁魏于桂陵大败之机，在公元前352年向魏国的河东进军，占领了魏曾经的都城安邑；第二年又夺取固阳，还收复了早年被魏攻占的部分河西地区。但魏当时毕竟国势强大，一两次失败并没有让它一蹶不振，不久它就重整旗鼓，与齐、秦再次展开战争。

秦国大臣商鞅认为，秦国实力难敌魏国，不如表面上承认魏国的霸主地位，煽动魏国与别国树敌，使其成为众矢之的而后图之。秦君同意了这一策略，便派商鞅出使魏国。

迷恋霸主之位的魏惠王在商鞅的游说下，果然产生了称霸之心。这一年，魏惠王邀请宋、卫、邹、鲁等国君主以及秦公子少官会于逢泽（今河南开封南），然后又率领众人到周室去朝拜，这就是历史上所说的"率十二诸侯，朝天子于孟津"，大有号令诸侯的架势。魏国一时有了中原霸主的姿态。

但是，这种表面辉煌的背后实际上隐藏着巨大的危机。魏国的强硬姿态，使原本与它结盟的韩国感到了威胁，因此韩国拒绝参加逢泽之会。当时齐国也是魏国的敌国之一，韩、齐两国一拍即合，建立起友好关系。一场规模巨大的战争很

▲（战国）谷纹系璧
这件战国谷纹系璧直径6.52厘米，局部有暗褐色沁，半透明。此璧圆整，有廓，几近平廓；中孔，外缘齐整圆滑；器面上刻饰有浅浮雕谷纹。

快就发生了。

公元前341年，齐军在马陵（今河北大名东南）大破魏军，接着齐、秦、赵从三面围攻魏国，齐、宋合围魏国的平阳（今山西临汾西南）。第二年，秦军在商鞅的率领下又一次大败魏军。

这一系列的重创，推翻了魏国的霸主地位，齐、秦取而代之，成为当时最强大的国家。公元前334年的"徐州相王"，是魏国完全丧失霸主之位的标志。

▶（战国）错金鹿纹弩机
弩机出现于战国，是用来发射箭矢的机械装置，利用弩机可以将箭矢射得更远、更有力。此弩机上镶嵌黄金丝，并饰以奔鹿、飞鸟和卷纹，制作精致，纹饰华美，应为王侯所用。

战国初期，地处中原的魏国土地肥沃，农业兴旺，百姓殷富。魏文侯开变法之先例，又让魏国军事实力大增。可惜后来的魏惠王称霸心切，又不善于审时度势，导致许多国家与之为敌，赵、齐、韩、秦、楚等国先后与其交战，魏国国力大伤，渐渐衰落。在与齐国的交战中，魏国先是在桂陵之战中大败，后来又在马陵之战中遭到重创，损失了大将庞涓。此后魏国开始走下坡路，再也没有恢复足以称雄中原的实力。效力于齐国的孙膑，却因两次大战中巧用计谋而声名鹊起。

公元前770年~公元前221年

//////////春秋战国//////////

马陵大战

▲孙膑像

战国时期军事家孙膑师从鬼谷子学习兵法，显示出惊人的军事才能。在担任齐国军师时，孙膑先后助齐在桂陵和马陵之战中大败魏军。

分析利弊，出兵援韩

在桂陵之战中，魏国虽然大败于齐国，但实力尚存。经过几年的养精蓄锐后，魏国逐渐恢复了元气，又打算卷土重来，开始攻打别的国家。公元前342年，魏国进攻实力弱小的韩国。韩国知道自己敌不过魏国，便发书向齐国求援。

齐威王把大臣们叫到一起讨论这件事。田忌主张立刻出兵救韩。邹忌嫉妒田忌战功显赫，认为田忌如此主张是为了使自己能够再立战功，因此他主张不出兵。

齐威王询问孙膑的想法，孙膑建议继续采用段干朋提出的战略方法，先做出救韩的假象，让韩、魏继续交战，直到韩国危在旦夕之时才进行实质性的救援，从而名利双收。齐威王采纳了这一建议。韩国见齐国同意救援，士气大增，与魏军展开殊死搏斗。但尽管如此，韩国还是五战连败，招架不住，只得又一次向齐国求援。

齐威王把握住韩、魏久战之后都已疲惫的时机，再次派出主力部队，由田忌担任主将、田婴担任副将、孙膑担任军师。他们再次采用"围魏救赵"的策略，挥师大梁。

魏国似乎没有从上次的失败中吸取教训。齐国故伎重演，又一次让魏国猝不及防。庞涓只好再一次率兵回救大梁。在他们到达大梁之前，齐军又见机撤退了。两次被戏弄，魏惠王和庞涓都非常恼怒。于是，魏惠王命太子申率领国中剩余部队前去接应庞涓，企图两面夹击，歼灭齐军。庞涓则率军日夜不停地赶回大梁，一副志在必得的样子。

减灶诱敌，设伏马陵

田忌、田婴向孙膑请教破敌之法。孙膑很有把握地说："魏军一向自恃兵力强大，不把齐军放在眼里。前次我们退兵，他们一定以为是我们

〉〉〉魏国为抵抗秦军的入侵，开始在黄河以西与秦国的交界处修筑长城。

害怕他们而不敢出兵迎战。这次庞涓率军匆忙从韩国赶回来，抛弃辎重，星夜兼程，显然是决心一举消灭我军。敌方如此急躁，我们可以诱敌深入。他们追赶，我们就撤退，继续制造我军不敢与之交战的假象。我们可以一边撤退一边逐渐减少宿营处留下的军灶数量，这样敌人就会以此断定我军兵力逃散，实力越来越弱，以为我军不堪一击，从而不惜冒险加紧跟进。我们则乘机在路上设下埋伏，等着敌人进入圈套，一定打他们个措手不及。"

田忌、田婴大赞此计，觉得孙膑说得很有道

▲马陵之战图

孙膑使用减灶之计，迷惑敌军，诱使魏军长途追击。疲惫不堪的魏军进入齐军在马陵设伏的区域后，齐军万弩齐发。结果魏军大败，庞涓愤愧自杀。马陵之战惨败后，魏国实力被大大削弱，逐渐走向衰落。

理，安排得也非常巧妙。

于是，齐军进行了具体的部署：先退兵去往位于鄄邑（今山东鄄城）北面六十里处的马陵——那里地形复杂，有很茂密的树林，也有很深的沟谷，而且道路弯曲，很适合作为埋伏之地。同时命人在退兵途中，第一天挖十万个灶，第二天挖五万个，第三天挖三万个。齐军到达马陵之后，利用那里的复杂地形，砍树堵路，然后在道路两旁埋伏下一万多名弓弩手，只等魏军到来。

庞涓果真上当了——他以为齐军士气涣散，退兵三天，大半兵力都已逃亡，于是更觉胜券在握，加快了追赶齐军的步伐。魏军行至马陵时，天已经黑了。道路险要，魏军依然继续前进。不久，前方的探子来向庞涓报告："前方道路被许多大树堵住，无法前行。"庞涓急忙亲自去察看。只见道路中间横七竖八地堆着许多树木，将道路阻断了，前面不远处还立着一棵大树。庞涓感觉情况不妙，举着火把走近大树一看，只见树上写着几个大字："庞涓死于此树之下。"

庞涓猛然明白过来，大喊一声："中计了！赶快撤退！"但是已经来不及了，箭从四面八方密密麻麻地射了过来。魏军乱成一团，无数士兵中箭而死。庞涓见状，知道自己已是身陷绝境，于是大喊道："一着不慎，遂使竖子成名！"然后自刎而死。

齐军以排山倒海之势冲杀过来，随后赶到的太子申也被齐军俘虏了。齐军完胜，这就是著名的马陵之战。

经过桂陵之战和马陵之战两次打击后，魏国的军事实力被大大削弱，魏国渐渐衰落下去，离霸主的地位越来越远。而齐国则因为打败强魏，声威大震，实力陡增。自此，齐、秦两国逐渐取代魏国的地位，成为当时最强的国家。

秦国的献公和孝公两代国君都力行变法，使秦国实力大大增强。到秦惠王登基时，秦国已是首屈一指的强国。秦惠王再接再厉，一举收复了河西的广大土地，控制了直通中原的要道，夺取了汉中和巴蜀，为秦国吞并诸侯、统一天下奠定了坚实的基础。公元前325年，秦惠王正式称王，成为秦国历史上首度称王的君主。在他之前，列国中只有齐威王、魏惠王两位诸侯称王。因此，他的这一举动表明秦国正式参与到了中原争霸的行列中来，混乱的争霸局面由此更为错综复杂。从此，各国间的"合纵""连横"大战也拉开了序幕。

公元前770年~公元前221年
//////////春秋战国//////////
历史上第一位秦王

识人驭人，大权独揽

秦惠王名叫驷，是秦孝公之子，秦武王和秦昭王之父。秦惠王登上王位之后，励精图治，奋发图强，利用秦献公和秦孝公时期为秦国蓄积的超强实力，开创了秦国新的局面。

诛杀商鞅等人是他登基后所做的首件大事。秦惠王以造反为由，对商鞅施以车裂之刑，然后又以商鞅造反并无确切事实根据为由，说指认商鞅造反的公子虔和公孙贾有意诬陷朝中重臣，将他们二人及与其有牵连的许多人处死，从而将"功高震主"的重臣清理得一干二净，巩固了自己的王位。

秦惠王处死了商鞅，但并没有否定他留下的施政方针，而是沿用商鞅变法后形成的秦国现行政策。他仍然像商鞅那样重视严明法度，致力于农业生产，积极做好军备工作。

同时，秦惠王广招天下贤才，任用了大批来

自各国的贤臣良将，这些人给他立下了汗马功劳。如公孙衍和张仪都是魏国人，对魏国情况十分了解。秦惠王任用他们来对付魏国，连连得胜。此外还有魏章，也就是秦孝公时代被商鞅骗来秦国的公子魏昂，秦惠王非常器重他。后来，魏章果然不负众望，多次大败齐、楚名将，还攻占了战略地位十分重要的汉中。还有来自魏国的司马错，一生辅

▲诛杀商鞅图

商鞅的一系列改革措施招致秦国部分贵族的憎恨。秦孝公死后，惠王即位，公子虔诬告商鞅谋反。最后，商鞅被惠王处以车裂极刑，并被灭族。

佐了惠王、武王、昭王三代国君，在秦国讨伐蜀、楚、魏、韩的战争中屡建大功。来自楚国的甘茂及其异母弟弟公子疾也为秦惠王所重用，二人在秦武王时期还被任命为左、右丞相。

正是在这些能臣贤将的辅佐之下，秦惠王才将秦国推向了又一个高峰。

打通中原通道

攻打魏国才能获得一条进入中原的通道，秦献公、秦孝公都在这上面下过功夫，秦惠王也不例外。从公元前333年到公元前325年，秦惠王花了将近九年的时间先后任命公孙衍和张仪率兵攻打魏国。他们先是占领了秦国向中原进发的要地——阴晋（今陕西华州东），又陆续收复焦、曲沃、陕等地。这样，秦国要去往中原，道路就畅通无阻了。秦献公、秦孝公都曾梦想过的事情在秦惠王时期终于得以实现。后来，秦惠王派兵对这条命运攸关的要道严加把守，再没有让它落入别国之手。从此，秦国不再是一个隔绝于中原之外的国家，而正式参与到了中原地区的角逐中。

秦君称王，逐鹿中原

历史上，齐、魏称王开诸侯称王风气之先，秦惠王也在公元前325年正式称王。秦国的实力在秦惠王时期得到了很大的提升。这期间，秦国不仅控制了直通中原的要道，而且攻占了魏国的河西郡和上郡，吞并了巴蜀，占据了汉中，并分别在这两个地方设置巴郡和汉中郡。这样，秦国的疆域一下子扩大了好几倍。

疆域的扩展使秦国拥有了有利的军事形势。一方面，东面的黄河和函谷关天险成为秦国天然的军事屏障，使中原各诸侯国无法轻易进入秦

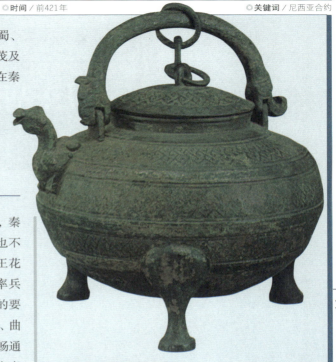

▲（战国）粟纹地鸟首流提梁盉

此器造型古朴，以双兽头衔环为提梁，带盖，圆腹，下有三兽蹄形矮足。

国；秦国在地势上占据高点，对军事进攻十分有利。另一方面，巴蜀、汉中土地丰饶，一直是产粮重地，这使秦国更为富庶，为日后征战四方提供了经济上的保证。此后，秦国又继续扩张，把西北方向的西戎义渠部收归治下，进一步解除了边境上的隐患。

而此时，魏国的处境却恰恰相反。秦国夺走魏国的河西之地后，魏国失去西边的黄河天险，没有险关据守，加上地势平坦，很难防卫秦国的进攻。在虎视眈眈的秦国面前，一度强盛的魏国沦落到靠奉送土地来换取一时安宁的地步。

此时，齐国是唯一能与秦国抗衡的国家。地处中原的魏、赵、韩三国，则被两国争相拉拢。由于秦国的介入，使中原形势更加复杂，激烈的"合纵""连横"外交大战也由此开始。

公元前326年，赵肃侯逝世。魏、楚、秦、燕、齐以凭吊为借口，各派万人精锐部队来到赵国，都想趁赵国旧君辞世、新主未立之机瓜分赵国。在赵国危在旦夕的情况下，赵国大臣肥义极力辅佐太子雍，以不惜与敌方同归于尽的气势，与各国展开殊死战斗，最终打退了敌人，挽救了赵国。第二年，太子雍登上君位，是为赵武灵王。赵武灵王大力实施"胡服骑射"等一系列改革，使得赵国迅速崛起，成为可与秦国匹敌的强国。而"胡服骑射"也在历史上被传为美谈，对后世产生了很大的影响。

公元前770年~公元前221年
//////////春秋战国//////////
赵武灵王胡服骑射

强敌环伺，立志强国

赵国是在三家分晋后由赵襄子创建的。其领土范围包括现在的山西中部、陕西东北和河北西南地区，境内多山。赵国在历史上曾经十分强盛，后来实力渐渐衰微，以致东边和北边的林胡、楼烦以及与它相邻的中山国，都对它虎视眈眈。

公元前325年，赵武灵王登基。他是一位有理想、有气魄的国君，一心想要复兴赵国，决定大胆改革，励精图治。

▶（战国）云纹铜戈
此铜戈为战国中期兵器，出土于江陵九店452号墓，全长21.5厘米。

那时候，北方的胡人经常在赵国边境侵扰，他们个个长于骑马射箭，穿短衣，骑单马，行动迅速。赢则进，输则退，十分灵活。而赵国兵士穿的是袖子很长的宽大衣衫，行动不便；驾的是好几匹马拉着的木轮战车，进退不灵活。因此在与胡人作战时屡次失利。

赵武灵王思想开放，能够审时度势，锐意创新。看到这种情况，他产生了让军士们脱下汉服穿胡服、放弃战车练骑射的大胆想法。于是，赵武灵王召见大臣楼缓来商量此事。

赵武灵王对楼缓说："我们赵国北临燕国、东胡，西接秦、韩等国，还与中山相邻，它们对我国都是威胁。如果不奋发图强，无异于坐以待毙。长期以来，我们与胡人作战时屡次失利，这跟我们的衣装和作战方式很有关系。首先是我们的士兵穿的宽衣长袖，碍手碍脚，不如胡服那么轻便。其次，我们的战车又大又沉，驾驭起来很不方便，不如胡人单骑作战灵活。我想让全体将士改穿胡服，学习骑射，你看如何？"

楼缓听后眼前一亮，激动地说："大王英明！臣也有此想法，只是不敢提出，还是大王有魄力。如果改为胡服骑射，我们的劣势就不复存在。那样的话，我们一定可以扭转局势，战胜胡人！"

于是，赵武灵王身体力行，亲自穿上胡服做示范，以引领风气。

〉〉〉齐军用军事家孙膑的计谋大败魏军，魏军主将庞涓自杀，史称马陵之战。

◎看世界／伯罗奔尼撒战争结束　　　　◎时间／前404年　　　　◎关键词／斯巴达　霸权

▲（战国）弦纹鼎

此鼎高38.5厘米，宽39.4厘米，深腹圆底，带三环顶盖，盖倒转当盘使用时，三环为器足。

力排众议，坚持改革

中原国家向来轻视夷狄，当满朝大臣听说赵武灵王要穿胡服、学骑射时，都觉得不可思议。

有人说："堂堂中原大国竟然穿起蛮夷之服，这像什么样子呀！"有人把怒气全撒在楼缓身上，说是他唆使大王这么做的。其中赵武灵王的叔叔公子成反应最为激烈，他竟一气之下找了个借口不上朝了。大臣肥义对赵武灵王说："公子成在朝廷里很有威望，如果能够劝服他，其他大臣就好说了。"赵武灵王觉得很对，就决定先在公子成身上下工夫。

这天，赵武灵王来到公子成家。公子成还在气头上，看见赵武灵王那一身胡服，就更生气了。他毫不掩饰地说道："我只拜中原国君，不拜胡人。您还是换身衣服吧。"赵武灵王脸色一沉，道："为臣的应该听命于国君，你作为一个老臣，竟如此和我作对，是何道理？"公子成不服气地说："为臣的是应该服从国君，可是一国之君怎能背弃

祖宗之法？我中原国家文明昌盛，怎能去学那些蛮夷！"赵武灵王早就料到他会这么说，因此并没有生气。他心平气和地向公子成细细讲述了他提倡胡服骑射的原因，最后感慨地说："我这番举动，岂是儿戏？正是为了强大我们的军队，使赵国不再受人欺压。赵国现在处境艰难，稍有不慎，就有亡国的危险。我们怎能守着祖宗传统眼看着胡人把我们打败？我知道您见多识广，这番道理不会不懂。"这一番话说得公子成心服口服，面露愧色。

次日，公子成也穿着胡服出现在朝堂上，引得大臣们一番议论。赵武灵王正式下令让国人改行胡服骑射，公子成也亲自劝说大家。最后，满朝文武百官终于陆陆续续穿起了胡服。不久，穿胡服、学骑射就成了整个赵国的一种风气。

胡服骑射，国威大振

胡服骑射在赵国推行开来。身穿胡服的士兵和将领们，在赵武灵王的带领下精心练习骑马和射箭，技术渐渐熟练。不到一年，赵国就培养出了一支装备精良、英勇善战的新式部队。

公元前305年，赵武灵王率领这支部队取得节节胜利，先是击退了中山国，然后又将东胡等部落收归治下。施行胡服骑射七年后，赵国又收复了中山、林胡等国，疆域进一步扩大。

从此，赵国实力大增，声威远扬，连实力强大的秦国都惧怕它三分。各诸侯国也效仿赵国推行骑射技术，胡服骑射广泛流传，影响深远。

"胡服骑射"是历代史家所称颂的一次十分重要的军事改革。赵武灵王不因循守旧，能够突破当时轻视夷狄的传统思想，不拘一格地学习先进的军事技术，同时不顾满朝文武的反对，坚持实施这一改革，可以称得上是一位很有魄力的改革先锋，值得后人学习。

公元前315年，燕国的一场王位纷争几乎导致燕国覆灭。事情是从燕王哙禅让王位开始的，他一改王位世袭的传统，传位给当时燕国的相国子之。后来，燕国太子平为夺取王位，与子之展开了内战。平向齐宣王寻求帮助，齐国却趁机派出大量兵力，一举攻占燕国都城，杀死了燕王哙与子之，平也死于战乱。齐国的行为引起了各国的抗议，以致齐军不得不撤出燕国。公元前311年，燕公子职在赵武灵王和秦惠王的帮助下，结束在韩国做人质的生活，回到燕国继承王位，这就是燕昭王。燕照王是一位礼贤下士、用人不疑的国君，在众多贤臣的辅佐下，燕国从战乱之后的孱弱中重新崛起，一跃成为战国七雄之一。

公元前770年～公元前221年

/////////春秋战国/////////

燕昭王金台招贤

▲（战国）彩绘陶女俑一对

这对陶俑分别高6.7厘米和6.5厘米，表现的应是侍女的形象。战国彩绘陶俑较为少见，因为这些色彩是陶俑烧制完成后涂绘上去的，比较容易脱落。

千金买马骨，招揽天下贤

燕昭王登上王位时，燕国刚刚经受了内乱和齐国的入侵，国内生产凋敝，民不聊生。而齐国仍然对燕国垂涎三尺，时时都威胁着燕昭王的统治。这种局面对一个新上任的君主来说，实在是一个严峻的挑战。燕昭王深深地认识到，国家的强盛离不开贤能人士的辅佐。燕国的复兴，必须从求取贤士开始。于是，他找来太傅郭隗，商议招取贤士一事。

郭隗想了很久，才对燕昭王说："良禽择木

而栖。贤士愿意辅佐的是那些善待他们、能够给他们用武之地的国君。您应该让他们知道，您就是一个这样的人。如果您能够礼贤下士，表现出求贤若渴、敬贤如师的诚意，那么贤士就会尽心竭力地为您效劳，各方贤士也会慕名前来投靠您。我给您讲个'千金买马骨'的故事。从前，有一位国君非常希望自己能拥有一匹千里马，他昭告天下，表示愿出千镒黄金来买千里马。但是整整三年，居然没有一个人前来献马。这位国君非常失望。一位侍臣见状，自告奋勇表示愿意出宫为他去搜寻千里马。国君同意了。这位侍臣四处探寻。一天，他看见一匹马死在路旁，许多人围在那里议论纷纷。只听见人们说：'好好的一匹千里马却死掉了，真是可惜。'侍臣沉思片刻，决定以五百镒黄金买下这匹死马。他把死马运到宫中，国君知道后火冒三丈，说：'你说为本王买马，结果现在买匹死马回来。你是想戏弄本王吗？'侍臣说：'大王您先别生气，容臣细说。臣是这么想的，世人听说您愿意以五百镒黄金买马尸，就知道您确实诚心求取千里马，就会相信如果有活的千里马，您一定愿意出更多的黄金。这样就会有很多人来向您献马了。'果然如其所言，献马的人很快多了起来。几个月后，这位国君就如愿以偿地买到了三匹千里马。如今大王也希望招揽'千里马'，郭隗不才，算不上'千里马'，但不知是否可勉强算是

'马骨'一具呢？"

燕昭王听后恍然大悟，当即对郭隗施以大礼，拜其为师，后来还为他修筑了漂亮的府邸。不久，燕昭王又命人筑高台于易水之畔，并置大量黄金于高台之上，以招徕天下贤士。因此这一高台叫作招贤台，也叫黄金台。

燕昭王高筑黄金台以招徕贤才的故事在历史上传为佳话，为后世士人所称道。唐代著名诗人李白就曾作诗歌咏此事："燕昭延郭隗，遂筑黄金台。剧辛方赵至，邹衍复齐来……"

重用贤臣，改革内政

▲千金买骨
以千金买马骨，表现出对千里马的重视与渴求。"千金买骨"这个成语后来引申为重视人才、期望得到贤才。

如郭隗所说，燕昭王很快就因礼贤下士名扬天下，各方贤士能人源源不断地投奔到燕王门下。燕国一时之间成为贤才云集之地，其中包括早已名闻天下的大师，如阴阳五行家邹衍。

邹衍是齐国人，齐人对他十分尊敬。他游历其他诸侯国时，各国也都以上礼待之。他到魏国时，魏惠王亲自出宫远迎；他到赵国时，平原君恭敬地以自己的衣袖为他的坐席拂尘。

燕昭王更是对他礼遇有加。据记载，为迎接邹衍，燕昭王亲自为他清扫道路；落座时又将他扶上上座，自己则坐在弟子席上，然后像弟子请教先生那样毕恭毕敬地聆听邹衍的教诲。后来，燕昭王还专门为邹衍建造了一座碣石宫，作为其居住讲学之所。

燕昭王牢记与齐国的大仇，在选用人才时也为日后报仇做准备。他招徕了一批熟悉齐国地势、了解齐国国情，而且有领兵打仗之能的人才，以厚礼待之。乐毅是这群人中才能最为突出的一位。在乐毅的辅佐下，燕昭王进行了一系列内政上的改革：第一，修正法律，严明法纪，严格审查官吏，考核政务，以整顿营私舞弊的官场风气；第二，确立公正的选才标准，任人唯贤而不看其地位和亲疏关系，使贤能之人广泛参与到国政中来；第三，奖励遵纪守法的百姓，包括地位低微的贫民和奴仆，以促进社会稳定；第四，整顿军纪，训练战术，以提高军队战斗力。这些措施起到了很好的效果，使得燕国百姓生活安定，军队实力大大增强。

此外，燕昭王还经常抚恤百姓。他常常亲自去探望那些有丧事的人家，还派人去向那些刚生了孩子的家庭贺喜。慢慢地，他赢得了百姓的信任，受到燕国上下的拥戴。

就这样，燕昭王励精图治二十八年，燕国渐渐兴盛起来，成为一个百姓富足、国库充实、军队强盛、政治清明，而且上下齐心的国家，跻身战国七雄之列，具备了讨伐齐国、报仇雪恨的实力。

孟尝君姓田名文，战国时期齐国王室宗亲，靖郭君田婴之子。他承袭田婴的爵位，封于薛（今山东滕州东南），称薛公，号孟尝君，他与赵国的平原君赵胜、魏国的信陵君魏无忌、楚国的春申君黄歇，合称为战国四公子。孟尝君最大的特点是重视人才，且因不惜花费重金供养大量门客而声名远扬。当时许多士人都来归附于他，对他的政治事业起到了很大的帮助作用。据说，极盛时，他手下的门客达三千多人，这些人中有的确实才能卓著，但也有鸡鸣狗盗或滥竽充数之徒。

赴秦入虎狼之穴

公元前299年，孟尝君受秦昭襄王之邀，带着几个门客来到秦国。

这一时期，秦昭襄王以拆散齐楚同盟为要务，为此不惜采用一切办法。他邀请孟尝君，是因为听说孟尝君在齐国深得人心，而且也确实很有才能，想任命他为秦国的相国。秦昭襄王盛情接待，孟尝君奉上一件上好的银狐皮袍作为初次见面的礼物。秦昭襄王很喜欢，特地叫人将这皮袍妥善地保存在王宫内库中。

时任秦相的樗里疾得知秦昭襄王有意要封孟尝君为相国后，担心自己的地位受到威胁，就派人在秦昭襄王面前中伤孟尝君，说："田文是齐国王室宗亲，而且门客众多，势力不小。如果对他委以重任，难保他日后不吃里扒外，暗地里为齐国效命，那就对我们秦国很不利了。"

这话提醒了秦昭襄王。于是他想送孟尝君回齐国去。结果樗里疾又说："孟尝君这些人来秦

公元前770年~公元前221年
////////////// 春秋战国 //////////////
孟尝君过函谷关

国这么多天了，知道秦国许多情况，就这么让他们回去怎么行？"

最后，秦昭襄王决定把孟尝君等人软禁起来。

钻狗洞盗得狐裘

陷入这样危险的境地，孟尝君很担心。后来，与他有旧交的秦国泾阳君指点他在秦昭襄王宠爱的妃子燕姬身上做文章。孟尝君赶紧命人带着白璧之类的厚礼前去求见燕姬，请她帮忙。燕姬表示，除非孟尝君送她一件银狐皮做的袍子，

▲鸡鸣狗盗

孟尝君门下的食客众多，他们个个身怀绝技。孟尝君被困秦国，后在门客的帮助下才顺利脱险。

她才愿意为他们说话。

孟尝君有些为难。此次到秦国来，他只带了一件银狐皮袍，就是送给秦昭襄王的那件见面礼。如今，到哪儿去再找一件来呢？他的一个门客站出来说："让我去为您找一件吧。"原来这个门客擅长偷盗，他打算去把送给秦昭襄王的那件偷回来。孟尝君让他去了。他打探到那件皮袍放在王宫内库中，就趁夜深人静的时候，钻过狗洞，进了王宫，然后小心地避过守夜人，神不知鬼不觉地把那皮袍偷了出来。

后来，泾阳君帮孟尝君把皮袍进献给燕姬，燕姬非常满意，就为孟尝君向秦昭襄王说情。最后，秦昭襄王被说动了，决定放过孟尝君，同意让他们回国，并把通关文书发到了他们手中。

学鸡鸣顺利出逃

孟尝君害怕秦昭襄王反悔，就带上通关文书，和随从们一起悄悄离开了咸阳，快马加鞭、一刻不停地往齐国的方向赶。赶到函谷关（今河南灵宝）时，已是深夜。

秦国法律规定，公鸡打鸣的时候才开函谷关，而当时离鸡鸣时分还有好几个时辰。就在一群人愁眉不展之际，几声鸡叫声忽然在身边响起，紧接着附近人家的公鸡也都此起彼伏地叫了起来。后来才知道，原来那第一声鸡叫是一个门客发出的，他能把鸡叫学得跟真的一样。

守关人听见鸡叫声，就迷迷糊糊地起来，打开了关门。孟尝君一行人于是得以顺利出关。

后来，樗里疾得知孟尝君等人偷偷上路回国了，赶紧奏请秦昭襄王派人去追。但孟尝君他们已经走出函谷关很远了，哪里还追得上。就这样，孟尝君一行人顺利地回到了齐国。

此次脱险，两位门客功不可没。虽然偷盗和

▲（战国）陵阳壶

此壶通高34.8厘米，口径11.6厘米。有盖，盖顶有莲瓣状捉手，口微侈，束颈，肩部两侧各置一铺首衔环，鼓腹，矮圈足。莲瓣状捉手中央饰以涡纹，口沿下以红铜镶嵌锯齿纹，由肩至下腹等距离镶嵌三周红铜。口沿部刻有铭文"陵阳"二字。

学鸡叫都是让人瞧不上眼的小伎俩，但关键时刻却派上了大用场。从此，其他门客都对这两个人刮目相看，对孟尝君不拘一格招徕人才的做法也更加佩服。

对于孟尝君手下这些人，人们有不同的评价。有人认为，这些人各有绝技，能救孟尝君于危困之中，说明孟尝君很善于识人，能不拘一格地网罗人才，在关键时刻派上用场。也有人认为，这些人不过是些鸡鸣狗盗之徒；使用一些难登大雅之堂的小伎俩，根本算不上能够做大事的人才，只是由于偶然的机会才发挥了作用。

乐毅，字永霸，生卒年不详，战国中期著名政治家、军事家。他的先祖乐羊是魏文侯手下的将领，曾率兵攻取中山，因功被封在中山灵寿（今河北灵寿），从此乐氏子孙便世代定居于此。中山复国后，又被赵武灵王所灭，乐氏也就成了赵国人。

乐毅深谙兵法，很有才能，在赵国时就很受器重。公元前295年，赵国发生"沙丘宫变"后，他为避祸离开赵国来到魏国，并当上了大夫。没过多久，他又受到一代明主燕昭王的赏识，于是又离开魏国前往燕国，被燕昭王委以亚卿之职，掌管燕国的军政大权。公元前284年，乐毅被拜为上将军，统领五国军队攻打齐国。

公元前770年~公元前221年
春秋战国
乐毅破齐

官拜上将军，统率五国兵马

燕昭王高筑黄金台，招得大量贤才之后，在他们的辅佐下励精图治，燕国被治理得井井有条，国力日盛。而与燕国结下仇怨的齐国在这一时期对外肆意征战，使得许多诸侯与之为敌。与此同时，为了满足对外战争的需要，齐湣王在国内对百姓横征暴敛，导致民怨沸腾。

燕昭王认为燕国向齐国报仇的时机已经成熟，决定讨伐齐国。但齐的实力仍然不容小觑，凭燕国一国之力是不可能战胜它的。燕昭王决定采用乐毅提出的建议，"与天下共图之"。

经过研究分析，燕昭王和乐毅对时局有了很清晰的认识。他们发现赵国在吞并了中山、夺取了周边胡人之地以后，崛起为一大强国。当时，齐、秦、赵是实力最强的三个国家，他们相互之间构成威胁，互相牵制。有一座城是三方都想争夺的，那就是宋国的定陶，定陶是中原地区首屈一指

的繁华都市。

燕昭王和乐毅认为，燕国正好可以借此激化秦、赵与齐的矛盾，如果诱骗齐国吞灭宋国，秦、赵一定不依，而且齐国对韩、魏、楚等国也构成威胁。如此一来，齐国就成为众矢之的了。

确定下这一战略之后，燕国就开始行动了。在齐国面前，燕国依然显得十分恭顺，还屡次向齐湣王进献稀世宝物和绝世美女，使齐湣王觉得燕国对他只有巴结的份，根本不可能对其构成什么威胁。然后，燕国又派苏秦两次出使齐国进行游说，诱使齐王攻打秦国，吞并宋国。而在另一边，燕国则加紧派出使者前往魏、楚、赵、秦等国，与他们一一缔结联合伐齐的盟约。五国联盟建立起来了，齐国便陷入了北、

▲乐毅像

乐毅是战国后期杰出的军事家，被拜为燕国上将军，受封为昌国君。他曾经指挥燕赵联军，连克齐国七十余城。

前311年

◎看世界／希腊雕刻家普拉克西特列斯　　◎时间／前370年~前334年　　◎关键词／《尼多斯的阿芙洛狄忒》

▲（战国）鹈鹕鱼纹敦

通高20厘米，口径15.6厘米。此敦呈圆球形，子母口，扣合紧密。纽与足均饰以三角雷纹，盖顶正中饰以涡纹，由内向外饰以斜角雷纹、垂叶状兽面纹，二弦纹间饰鹈鹕纹，鹈鹕作张口追逐捕鱼状和三角叶纹点缀。腹部纹饰与盖上鹈鹕纹雷同。此敦铸工精细，纹饰新颖独特，生动活泼，造型别致，是战国时期青铜器的上乘之作。

西、南三面被围的境地。

公元前284年，燕昭王拜乐毅为上将军。同时，赵惠王也将相印交予乐毅，让他兼任赵国相国。接着，乐毅又被推举为五国联军的统帅。于是，乐毅率燕、赵、楚、韩、魏五国之军，浩浩荡荡地前去攻打齐国。

歼齐主力，大破临淄

大军压境，始料未及的齐湣王猝不及防，匆忙应战。但齐军此前已连续征战多年，将士疲惫厌战，士气不振。齐湣王见状，发出号令，说如有不战而退者，杀无赦，并株连九族。在这种淫威的逼迫下，士兵们对齐湣王心怀不满，军心涣散。

在强大的五国联军面前，齐军几乎不堪一击，结果一败涂地，主力大部被歼灭。齐湣王领着一些残兵败将仓皇逃回国都临淄。

取得这场大捷后，乐毅重重地犒赏了楚、韩两国军队，让他们先行回国；然后派赵军进军河间，派魏军挥师东南去夺取过去宋国的土地；乐毅本人则打算率领燕军前去攻打临淄。

这一计划引起了燕国大臣剧辛的反对，他认为燕军实力不足以吞灭齐国，如此贸然前去恐怕会遭遇不测。乐毅反驳说齐军主力已被歼灭，国中混乱无序，齐国已经不再是一个强劲的对手。如果燕军趁此机会继续进攻，必能攻克齐都。最后，燕昭王同意按乐毅的计划行事。

齐军回到临淄，齐国大将达子提议齐湣王大举犒劳齐军，以鼓舞齐军士气，准备背水一战。遭到惨败的齐湣王反倒把气撒在他身上，说残兵败将哪里值得犒劳？这种责怨让将士们更加不满，齐军军心更加涣散。在这种情况下，乐毅率燕军频频出击，打得齐军节节败退。最后，燕军在秦周（今临淄城西）又一次大败齐军，齐国折损了大将达子。燕军攻破临淄，将那里的奇珍异宝、金银用具、祭祀器皿等通通占为己有，源源不断地运回燕国。燕昭王收到捷报，非常高兴，亲自到济水之畔去迎接凯旋之师，犒赏全体将士，并将功臣乐毅封为昌国君。

齐湣王失去国都，逃亡到莒地（今山东莒县），最后被谎称前来援救齐国的楚国大将淖齿杀死。

乘胜追击，攻无不克

乐毅有吞并齐国的雄心。在夺取临淄后，经燕昭王同意，他做了很多事情来稳定民心，安定秩序。首先，大力整顿军队纪律，绝不允许有抢夺百姓财物、扰乱百姓生活的行为；其次，减免百姓赋税，废除齐湣王时期制定的严法酷刑，重新采用齐威王制定的一些合理律令；最后，他还在临淄郊外举行盛大的祭祀仪式，祭拜齐人所尊敬的齐桓公和管仲，并给归顺燕国的齐人中的一百多人封燕国爵位，二十多人赐燕国封地。这些措施安抚了齐国贵族，使他们能够支持燕国的统治。

与此同时，乐毅又命燕军分五路进攻，夺取齐国土地。仅仅半年之后，燕军就攻克了除莒和即墨之外的所有城池共七十余座，并将其一一设为燕国郡县。

乐毅能够取得如此辉煌的成就，离不开燕昭王对他的信任和支持。正因为燕昭王采纳了乐毅攻打齐国的建议，并在乐毅率兵征战时不加任何干涉，乐毅才能顺利实施这一计划。也曾有人在燕昭王面前搬弄是非，如乐毅在攻打莒和即墨的时候，很久都没能攻下，太子乐资等人借机在燕昭王面前说三道四。但燕昭王根本没有听信这些人的话。为了让乐毅安心作战，他还专门派人去安慰、鼓励乐毅。燕昭王是一个用人不疑的君主，也正因为如此，他的部下才更愿意鼎力辅佐他。

在实际作战中，乐毅统领五国联军歼灭齐军主力，攻破齐都，又接连攻下齐国七十多座城池，几乎将强大的齐国完全消灭，这样的丰功伟绩表明他确实有非常出色的军事才能。五国联合破齐，是"合纵"策略运用上取得的最辉煌的成就，纵横家们因此将乐毅看作英雄。齐国这一泱泱大国，因为不顾整体局势的平衡，轻率行事，以致成为众矢之的。而在作战时，它又过早出动主力部队与势力强大的五国联军相抗，以致几乎灭亡于燕国之手。

极具戏剧性的是，乐毅最终还是与吞并齐国的目标失之交臂。公元前279年，燕昭王逝世，太子乐资即位，是为燕惠王。这位新国君没有像燕昭王那样给乐毅以信任，很快就召回乐毅，派骑劫前去攻打莒和即墨。乐毅非常失望，黯然离开燕国去往赵国。后来骑劫指挥不力，让齐将田单反败为胜，得以复国。乐毅努力终生的夺齐大业就这样功败垂成。

◀（战国）钟虡铜人

此铜人出土于湖北随州曾侯乙墓，是编钟架上铸成佩剑武士形象的人形立柱。钟虡铜人共六件，被装置在中、下两层，均为武士装束。铜人头戴平顶圆形冠，佩剑，以头和双臂撑住横梁。铜人身着彩绘衣物，面部清秀，栩栩如生。

〉〉〉战国时期著名的纵横家张仪
因病在魏国去世。

蔺相如，生卒年不详，相传为河北曲阳人，战国后期著名的政治家、外交家、军事家。公元前295年的"沙丘宫变"使得赵国元气大伤。在蔺相如和廉颇、赵奢等一批贤臣良将的辅佐之下，赵惠文王励精图治，才让赵国在一定程度上得以复兴。后来，赵国在与秦国的几次外交和作战中，都占了上风，成为当时列国中唯一能与秦国匹敌的国家。由此，赵国成为秦国实现统一大业所要面对的最大敌人。而蔺相如的得志，最早可见于《史记·廉颇蔺相如列传》中的那场著名的"智斗秦王，完璧归赵"的外交之争。

公元前770年~公元前221年
//////////// 春秋战国 ////////////
蔺相如完璧归赵

危急关头请缨使秦

秦昭襄王觊觎赵国那世间罕有的和氏璧，就传书给赵惠文王，表示愿拿出十五座城池来交换和氏璧。这让赵惠文王觉得很难办。秦国向来倚仗实力强大而横行霸道，不讲信用。要是把璧送去，秦国肯定不会送给赵国城池；但如果不送去，又怕得罪秦国，引来战祸。于是，赵惠文王召集群臣前来商议。众大臣讨论了很久，也没有商量出什么好办法。赵惠文王愁眉不展。担任宦官头领的缪贤见状，就对赵王说："臣

有个才能出众的门客，叫蔺相如，为人勇敢，又善谋略，您不妨派他出使秦国，处理这件事。"

赵惠文王便召见了蔺相如。交谈之后，他发现蔺相如很善言辞，对很多事情都有独到的见解。赵惠文王就问他说："现在秦王提出愿以十五座城来换我国的和氏璧，你认为寡人应该答应他吗？"蔺相如说："秦国实力比赵国强，不答应不行。"赵惠文王说："但秦国很可能拿了璧却不给我们城，这该怎么办呢？"蔺相如说："秦国拿城换璧而赵国拒绝的话，那是咱们赵国有负于秦国。赵国给了璧而秦国不给城，那就是秦国对不起咱们赵国了。咱们宁可冒险，也不要一开始就理亏。"赵惠文王说："那寡人该派谁前去送璧呢？"蔺相如说："如果大王一时找不到合适的人，就请派我去吧。除非秦国把十五座城交到赵国手中，我才把璧给它。否则我一定把璧完完整整地带回来。"于是赵惠文王就派他带着和氏璧前往秦国。

◀（战国）宴乐渔猎攻战纹图壶

此壶通高31.6厘米，侈口、斜肩、鼓腹、矮圈足，壶肩上有二兽首衔环耳。花纹从口至圈足分段分区布置。以双铺首环耳为中心，前后中线为界，分为两部分，形成完全对称的相同画面。自口下至圈足，被五条斜角云纹带划分为四个区，分别表现了采桑射礼、宴享乐舞、水陆攻战等场景。此壶纹饰生动，形象逼真，现藏于北京故宫博物院。

▲（战国）铜安邑二釿
此铜币为桥足布币，长6.3厘米。钱身为长方形，平首、圆肩，两足呈方形，跨作弧形。钱面铸有钱文"安邑二釿"四字。安邑为地名，在今山西夏县，是魏国早期的都城，这说明此币是在魏地铸造并发行的。

秦廷智斗秦王

蔺相如到秦国之后，呈上和氏璧。秦昭襄王把璧接到手中细细欣赏。他一边欣赏，一边赞叹，一副爱不释手的样子。然后他又让大臣和宫女们一一传看，好像那玉璧已经是秦国的宝贝了，对换城之事却只字不提。

蔺相如早料到秦王会有此举动，冷静地对他说："此璧虽美，但其实有一个隐藏的瑕疵，不易被发现，请让我指给大王看。"

秦昭襄王很好奇，就把和氏璧递给了蔺相如。

不料蔺相如捧着玉璧，迅速走到一根柱子旁边，然后愤怒地说："大王想要用十五座城换和氏璧，我奉赵王之命把璧送来。可现在大王却完全没有要拿出十五座城交换的意思。此刻我手捧玉璧，要是大王定要相逼，我就与这稀世珍宝同归于尽！"说着就做出要把璧往柱子上砸的样子。

秦昭襄王急了，忙命人拿来秦国地图，指着上面说："这些就是我准备送给赵国的城池。我秦国堂堂大国，哪里会如此不讲信用？"

蔺相如很清楚这不过是秦王玩的小花招，就说："赵王送璧之前，曾斋戒五天。在臣上路的时候也是盛情相送。他这么做是为了表示对秦国的敬意。大王接受此璧也应该有同样的礼节，斋戒五天，并举行受璧大典，然后我再将璧进献给您。"

秦昭襄王知道强逼不会有用，就答应了蔺相如的要求，并安排蔺相如先住下。

当晚，蔺相如就让一个随从带着玉璧抄小路悄悄赶回赵国去了。

使巧计完璧归赵

秦昭襄王斋戒五天之后，召集群臣准备举行受璧大典，谁知蔺相如却是空手而来。他从容地走上前去，对秦昭襄王说："众所周知，贵国从穆公到现在，二十多代君主皆非讲信用之人。我担心给了您玉璧却收不到那十五座城池，有负赵王使命，就命人将玉璧送回赵国了。"

秦昭襄王一听火冒三丈，命左右捆绑蔺相如，蔺相如毫无惧色地说："大王先听我一言！如今秦强赵弱，强秦可骗弱赵，弱赵却不敢欺强秦。大王要想得玉璧其实很容易，先把那十五座城交给赵国，再命人去赵国取玉璧，赵国岂敢不给？我骗大王，罪不可赦。大王大可以将我处死，但天下人都会知道大王为了和氏璧杀死了赵国使臣，大王就可以声名远扬了。"

秦昭襄王毕竟怕杀了蔺相如而传出去的名声不好，就放他回国了。他本来就没打算真的以城换璧，此后也就不再提起此事了。

蔺相如出色地完成了使命，完璧归赵，赵王非常高兴，将他提拔为大夫。

〉〉〉楚顷襄王面对秦国的压力，被迫迎娶秦女，与秦结姻亲。

◎ 看世界／亚历山大东征咸海南部　　　◎ 时间／前329年　　　◎ 关键词／攻势受挫

公元前257年，秦军出兵攻打邯郸，平原君赵胜受赵孝成王之命向各国求援，他一面传书给魏安厘王和信陵君请求发兵相助，一面亲自出使楚国商量联合抗秦之事。平原君虽然位居战国四公子之列，但是才能平平，没什么太大作为。长平之战前，韩国上党郡郡守提出愿归附赵国，当时平原君正是赵国相国，他力主接管上党郡。结果，此举迅速激化秦、赵矛盾，导致秦国挥师向赵，赵国陷入重重危机。由此可见，平原君对政治局势缺乏远见。但是，与其他三位公子一样，他也以善养士而闻名，门客多达数千人。此番出使楚国，幸好有门客毛遂自荐随同前往，才成功联楚抗秦。此事被后世广为传颂，也使平原君留名青史。

自荐出使楚国

毛遂，战国时期薛国人，少时游历到赵国，后做平原君门客三年，一直都在做一些迎送来客、跑腿传话之类的小事，没有施展才能的机会。

秦军在长平大胜赵军之后，又气势汹汹地逼向邯郸。赵国在长平遭到重创，实力已不足以抵御秦军。在这危急关头，平原君奉赵孝成王之命，分别向魏国和楚国求救。魏国援兵迟迟不到，平原君决定亲自前往楚国，说服楚考烈王联赵抗秦。

平原君想在三千门客中精选出二十个才能突出的人和他一同赴楚，不料选出了十九名后，就再也找不出一个令他满意的了，为此平原君一筹莫展。

公元前770年～公元前221年

///////// 春秋战国 /////////

毛遂自荐

这时，一个门客站出来说："我叫毛遂，主公看我够不够资格随您前去？"其他门客纷纷向毛遂投去惊异的目光。平原君看了毛遂一眼，问道："你做我的门客几年了？"毛遂回答："三年。"门客们听后都暗暗发笑。

平原君说："真正有才能的人在众人之间，就像一把锥子置于布袋之中，他的头角一下子就能冒出来。你来我这里三年了，周围人没有谁称赞你，我也从来没有注意到你，可见你没有什么过人之处。"

毛遂说："主公这个比喻很恰当。毛遂本是一把尖锥，奈何无缘进入布袋之中。如果早能入得其中，毛遂早就破袋而出了，岂止是露出头角而已？今日就请主公给毛遂一个进布袋的机会吧。"

平原君觉得毛遂口才不错，也很有胆量，就同意他跟随自己前往楚国。平原君一行出发了。那十九个门客本来对毛遂不屑一顾，但一路上与毛遂谈论天下局势，发现他确实很有见地，都对他心生敬佩。

▲ 毛遂自荐

公元前257年，毛遂自荐出使楚国，促成楚、赵合纵。从此以后，毛遂声名大震，并获得了"三寸之舌，强于百万之师"的美誉。

◎看世界／亚历山大侵入印度　　◎时间／前327年　　◎关键词／受挫　撤兵

大义凛然,说楚合纵

这天,平原君面见楚考烈王,以利害相陈,想让楚王同意与赵合力抗秦。二十名门客都在殿下等候。结果,半天过去,平原君还是没能说服楚王。门客们就对毛遂说:"先生上去加把力吧。"于是,毛遂从容地走上殿去,大声说道:"楚、赵合纵的利害关系两句话就可以说清楚,怎么两位争论到现在还没有结果?"

楚考烈王得知此人只不过是一个门客,大怒道:"放肆!我和你家主人商量要事,你来干什么?还不快给我退下去!"毛遂握着剑柄走上前去,说:"大王对我这么不客气,不过就是仗着楚国人多势众,现在我离大王不到十步的距离,任凭楚国有多少人也帮不了您。"楚考烈王见状,口气变了,说:"先生不要动怒,有话好说。"

毛遂接着往下说:"我听说,商汤的疆域不过方圆七十里而已,最后却称王于天下;周文王的疆域不过方圆百里,最终却令诸侯臣服。他们靠的都不是人多兵多,而是把国家的潜力充分发挥出来。现在楚国幅员五千里,雄师百万,如此强盛的国势,哪个国家能够匹敌?但秦国派了个微不足道的白起,率了区区几万军队就把楚国打得连连败北。秦国先是占去了楚国鄢、郢二都,然后烧掉了夷陵,接着还攻打了楚国宗庙,辱及楚国祖宗。这样的奇耻大辱,连我们赵国都为您感到羞耻!您难道还能不以为意?合纵抗秦,与其说是为了赵国,不如说是为了楚国呀!"

成功定盟,脱颖而出

毛遂的一番慷慨陈词,说得楚考

烈王无言以对。

过了一会儿,楚考烈王唯唯诺诺地说:"先生说得有理,就按您说的做,楚、赵联合,共抗秦军。"毛遂又追问道:"楚国就此与赵国结盟吗?"楚考烈王说:"可以。"于是毛遂叫楚考烈王左右端上鸡血、马血、狗血来,两国举行结盟仪式,定下盟约。此后不久,楚考烈王就派春申君黄歇率领八万精锐部队赴赵抗秦。魏国援兵也已经赶到。三国军队联合抗秦,秦军大败。赵国的危难得到缓解。

后来,平原君大发感慨地说:"我自以为慧眼识英才,没想到身边有毛先生这样的人才,我却不知。毛先生此行,功莫大焉!"此后,平原君便将毛遂奉为上宾。毛遂也由此声名鹊起。

毛遂勇敢地推荐自己,不是被动地等待机会,而是主动地为自己争取机会,这种精神为后人所称扬。他的故事后来衍生出了两个成语,那就是"毛遂自荐"和"脱颖而出"。

◀（战国）玉螭纹觿形佩
此佩长7.4厘米,宽1.3厘米。觿是古代童子的佩饰,多佩戴于身体一侧,有"左佩小觿,右佩大觿"之说。因为觿原有解结之功能,故以玉觿为佩,寓意童子成年后智慧超凡,世间所有困难之事皆可迎刃而解。